传媒集刊

U0811809

思想政治理论与实践

2023

张燕明 ◎ 主编

中国传媒大学出版社
·北 京·

目　录

特　稿

3 “大思政课”理念下思政课实践教学的实施理路
◎张燕明　冷馥辰

12 戏剧与影视学科“课程思政”教学路径研究
◎姜　虹

课程教学

21 融合信息技术的同伴教学法在高校思政课教学实践中的应用研究
◎罗晶晶

28 传媒类高校基于 BOPPPS 模型的思政课混合教学设计探究——以“马克思主义基本原理”课为例
◎田爱玲

33 北京冬奥精神融入思想道德与法治课教学路径探析
◎张祥贝

40 高校思政课教学存在的问题及对策研究
◎王　雪

48 浅析民办高校课程思政元素的提炼途径
◎肖宏迤

思想政治教育研究

57 高校思想政治教育中英雄教育的四点建议
◎邓晓峰

62 弘扬伟大长征精神　筑牢理想信念根基
◎朱　雁　朱煊宇

69 论“红扣子”的内涵及其对大学生思政工作的意义
——从“扣好人生的第一粒扣子”说起
◎张　红

75 新媒体传播背景下高校思想政治教育方法创新研究
◎李光雯

83 习近平法治思想融入大学生思想政治教育的价值及实现路径
◎杨民元

88 高职院校思政教育与心理健康教育问题探讨及对策分析
◎孙丹侃

94 提高高校思政教育实效性的路径探索
◎周晨颜

理论探讨

103 高校思想政治理论课教材体系向教学体系转化的路径思考
◎沈　慧

110 改革开放以来邓小平在社会主义与资本主义关系上的理论创新
◎王　辉

120　浅析“绿色发展”理念的历史逻辑与实现路径
◎邵峥嵘

教师发展

131　高校传媒类专业课程思政师资队伍建设策略探究
◎许秋怡

137　新时代高校思政教师队伍建设面临的困境及对策
◎王　容

142　新时代课程思政视域下青年教师师德师风建设研究
◎席吕思

148　高校教师职业道德修养问题浅析
◎陈　曦

154　新时代高校思政课教师教学能力提升探析
◎胡凡凡

青少年研究

163　战疫榜样对青少年的教育价值及其实现路径
◎李梦柯

辅导员队伍建设

177　心理健康视角下传媒院校辅导员队伍建设路径探析
◎余宥依

183　高校研究生担任兼职辅导员的路径探析
◎蒋梦妃

高校治理

191 习近平法治思想下高校依法治校新路径研究
◎周倩文

198 赋能视角下民办高校落实新“双导师制”的路径选择与现实考量
◎朱傲雪

204 高校学生管理须突出做好意识形态工作
◎刘　佳

211 “三全育人”视域下民办高校环境育人实施路径探索
◎朱梦媛

特　稿

“大思政课”理念下思政课实践教学的实施理路*

◎张燕明　冷馥辰

摘　要：“大思政课”理念为思想政治理论课实践教学提供了新的指导原则，提出了更高的建设要求。提升思想政治理论课实践教学的实效性必须以“大思政课”理念为根本遵循，认真做好系统构建，坚持落实全员参与，注重选择社会和时代内容。思想政治理论课实践教学的校、院管理部门要主动作为，创新实施“四化并进”思政课实践教学模式，即“综合实践课程化、课内实践主题化、校园实践立体化、实践成果可视化”，促进思政课程、校园实践、专业实践、社会实践的有机统一、协同发展。

关键词：大思政课；思政课实践教学；原则；构建

为深入贯彻落实习近平总书记关于“大思政课”的重要指示批示，教育部等十部门于2022年7月联合出台了《全面推进“大思政课”建设的工作方案》（以下简称《方案》）。《方案》在总体要求中强调，全面推进“大思政课”建设要“坚持开门办思政课，强化问题意识、突出实践导向”①。这一指导思想说明思想政治理论课（以下简称“思政课”）实践教学不仅是思政课课程体系的有机组成部分，而且是“大思政课”的重要内容，在学校人才培养工作中起到重要作用，学校必须坚持抓好思政课实践教学的改革创新。“大思政课”在推进过程中取得了瞩目成绩，但高校也存在将“大思政课”片面理解为“大思政”、与思政课实践教学简单等同等现象，对何为“大思政课”、“大思政课”与思政课实践教学的关系、如何构建思政课实践教学体系等问题尚缺乏清晰的认识。为此，厘清“大思政课”理念下思政课实践教学的实施理路，科学构建思政课实践教学体系，对于推动思政课建设高质量发展具有一定的理论和现实意义。

---

* 本文系2021年度湖北省教育厅哲学社会科学研究思想政治理论课专项任务项目“应用型本科院校思想政治理论课实践教学模式创新研究”（21Z106）的阶段性成果。

① 教育部等十部门关于印发《全面推进“大思政课”建设的工作方案》的通知[EB/OL].（2022-07-25）[2023-03-26]. http：//www.gov.cn/zhengce/zhengceku/2022-08/24/content_5706623.htm.

一、“大思政课”的内涵

党的十八大以来，以习近平同志为核心的党中央高度重视思政课建设，对如何加强思政课建设的认识不断深化，并在全面推进思政课建设、日常思想政治工作、课程思政的过程中逐渐形成了“大思政课”理念。深入探究“大思政课”的内涵，是我们推动思政课建设的逻辑前提。

（一）何为“大思政课”之“大”？

习近平总书记在看望参加全国政协会议的医药卫生界教育界委员时提出了“大思政课”这一概念，他强调，“‘大思政课’我们要善用之，一定要跟现实结合起来”“思政课不仅应该在课堂上讲，也应该在社会生活中来讲”[①]。从习近平总书记关于“大思政课”的重要论述可以看出，在理解“大思政课”的丰富内涵之时，我们应当立足思政课在党中央治国理政战略全局中的地位日益凸显这一历史背景，思考如何全面协调所有教学力量和教育资源，推动习近平新时代中国特色社会主义思想铸魂育人取得更为显著的成效。因此，仅从“大思政”的层面对“大思政课”做简单理解显然是不够的。只有当我们能够自觉地、充分地、全面地挖掘整合各种教育元素并加以运用时，才能卓有成效地将生动的理论、鲜活的实践、丰富的社会现实呈现在学生面前，从而形成具有深刻育人效果的“大思政课”。

“大思政课”之“大”，是指充分调动学校、家庭乃至全社会的力量和资源，在教学元素上强调“大课堂”“大教学”“大平台”“大师资”及其融通，以此教育合力培育担当民族复兴重任的时代新人。具体来说，所谓“大课堂”，是指突破学校教室、社团等空间限制，强调教学内容、教学组织紧密联系社会并向其延伸，简单来说，即整个社会都成为课堂；所谓“大教学”，是在统一教学目标的指引之下，改革“教”与“学”的关系，强化生活情感的体验式教学，引导学生在历史的、生活的场景中自主学习；所谓“大平台”，是指突破课程载体、课程时空等局限，把思政课置于广阔的物理空间、社会空间、虚拟空间，让学生有更强烈的学习获得感；所谓“大师资”，是指吸纳除思政课教师、学校专家学者以外的社会各行各业的先进人物或平凡岗位的劳

① “‘大思政课’我们要善用之”（微镜头·习近平总书记两会“下团组”·两会现场观察）[N]. 人民日报，2021-03-07.

动者进入思政课教师队伍。

（二）“大思政课”的落脚点在“课”

“我们不能因其‘大’理念而忽视它的‘课’本质，也不可在实施过程中走向概念的泛化，更不应将一切社会教育活动都归于‘大思政课’的范畴。”[①] 我们分析“大思政课”的内涵，除了要看到它在教学元素上强调大课堂、大教学、大平台、大师资外，还应当认识到它的“课”的本质属性。对于“大思政课”的课的本质属性，我们要通过具体的教学活动来进一步加以理解。

一项规范的教学活动通常需要具备若干要素，一般来说包括教学主体、教学客体、教学内容、教学环境、教学形式等。具体到“大思政课”而言，其教学主体除了“专职为主、专兼结合、数量充足、素质优良的思政课教师队伍”[②] 外，还应包括学校专家学者以及社会各行各业的先进人物或平凡岗位的劳动者；其教学客体毫无疑问就是担当民族复兴重任的新时代青年学生；其教学内容应当是立足中华民族伟大复兴的战略全局和世界百年未有之大变局，坚持不懈地用党的创新理论特别是习近平新时代中国特色社会主义思想铸魂育人；其教学环境突破了传统的物理环境局限，延伸至整个社会的大环境，拓展为国家文化的软环境，发展到网络空间的虚拟环境；最后是“大思政课”的教学形式，当我们立足其“课”的本质进行分析，很容易得出其形式仍然只能是两种，即理论教学与实践教学。因此，从教学活动的基本要素分析，我们可以说“大思政课”是思政课建设发展的最新理念、最新形态、最新成果，但究其本质仍然是思政课，而不是其他课程或者社会教育活动。

值得思考的是，如此一门“大”的思政课，如何才能够真正地、具体地、有效地组织起课程教学？这应当说是相对于传统小课堂的一个难点。从“大思政课”的内涵我们可以知道，“大思政课”并非是要另行一套与以往思政课完全不同的教学，而是在传统“小”课堂的基础上，或者说针对传统“小”课堂的某些局限，更加注重社会大课堂的育人功能，融入更多社会大课堂的育人素材，因此，“大思政课”不仅要着力对传统思政课在教学内容上进行扩容，在教学方法上进行优化，更要充分向现实社会生活进行延伸和拓展。从这个角度而言，落实好“大思政课”的课程要求，就需要在实践教学的内容和形式上做更为精准、有效的升级。一方面，要将多种形式的实践融入课堂教学，让学生在实践中深化理论认知，探寻事物本质，陶养情操情怀；另一方面，

---

① 韩可．课程论视角下“大思政课”的实施维度与实践理路[J]．思想理论教育，2022（5）：72-77.

② 习近平．思政课是落实立德树人根本任务的关键课程[J]．求是，2020（17）．

要将生动鲜活的实践案例带回课堂，让学生在课堂上分享实践感悟，增强理想信念，勇担复兴大任。

因此，落实好“大思政课”教学，我们需要在全面考察其教学活动要素的基础上，注重建设思政课实践教学体系，也可以说，思政课实践教学体系乃是“大思政课”落地见效的关键环节，必须跟随“大思政课”理念实现创新与发展。

二、“大思政课”蕴含思政课实践教学的根本遵循

党和国家一直高度重视思政课实践教学，曾出台多个工作文件和工作方案对思政课实践教学提出具体要求，进行具体指导。“大思政课”理念提出以后，作为一种全新的教学理念，对于思政课实践教学而言，必然需要有新的指导原则和建设要求与之相匹配。

（一）“大思政课”理念要求思政课实践教学必须认真做好系统构建

正因“大思政课”之“大”，所以系统构建就成为加强和改进思政课实践教学的逻辑起点。就国家教育管理部门而言，应“大思政课”系统构建之需要，教育部等十部门联合印发了《全面推进“大思政课”建设的工作方案》，从“改革创新主渠道教学”“善用社会大课堂”“搭建大资源平台”“构建大师资体系”“拓展工作格局”“加强组织领导”六个方面对推进“大思政课”建设做了全面部署，从宏观、中观层面建立起分工合理、职责明确、措施具体的“大思政课”建设管理系统。就学校而言，学校要贯彻落实“大思政课”建设目标，必须“强化系统思维，突出协同意识，打破封闭状态，推动思想政治教育的工作体系、组织内容、整体形态的优化再造与整体发展”[①]。因此，作为直接落实“大思政课”任务的学校党组织，应当首先站在学校治理的层面，统合全校各部门共同制定“大思政课”建设方案。方案要体现学校对“大课堂”“大教学”“大平台”“大师资”一同规划、一同实施的战略步骤，协调进行实践教学基地的建设与使用、优质教学资源的引进与打造、品牌示范活动的创设与整合。

在“大思政课”理念之下，思政课实践教学必须加强顶层设计。思政课实践教学在实施过程中一直以来就存在诸多问题，比如：每门思政课程均有各自的理论侧重，

① 王学俭，施泽东．“大思政课”的科学蕴意和实践理路[EB/OL].（2022-03-24）[2023-03-26].https：//m.gmw.cn/baijia/2022-03/24/35608988.html.

其教学重点各有不同，每个教学重点又都有相应的实践教学活动，这也导致在实际执行过程中，实践教学内容经常出现随意、重复、不聚集教学目标等问题；实践教学形式容易过时、陈旧，对学生没有吸引力；实践教学组织容易出现职责不清，马克思主义学院和其他各部门似乎都在发力，但又经常出现推诿扯皮的情况。因此，学校应当在“大思政课”方案的统领下，加强学校党组织的统一领导，从学分设置、教学目标、教学重点、实施方案、课程考核、监管方式、教学评价等各个方面做好思政课实践教学体系的顶层设计，让思政课实践教学不仅有“章”可循，而且有“计”可依。

（二）“大思政课”理念要求思政课实践教学必须坚持落实全员参与

正因“大思政课”之“大”，所以全员参与就成为加强和改进思政课实践教学的必然要求。我们知道，各个学校均不同程度地存在着思想政治教育工作队伍人员不足、力量有限等问题，加强专兼结合的思政课教师队伍建设，补充学校专家学者以及社会各行各业的先进人物或平凡岗位的劳动者进入“大师资”，方可生成铸魂育人的强大合力，培养学生具备良好品德和基本素养，落实好立德树人的根本任务。

在“大思政课”理念之下，思政课实践教学必须形成由思政课教师主导协调、辅导员队伍积极跟进、其他教师共同参与的工作格局。作为思政课教师，我们应当主动协调好这三股主要工作力量的关系，避免出现各自为政、谁也不管的局面。习近平总书记强调：“办好思想政治理论课关键在教师。”① 从这个意义上讲，思政课教师理所应当地成为“大思政课”的主导力量，也成为思政课实践教学的核心力量。如果我们一面大谈要对思政课实践教学齐抓共管，一面却轻视思政课教师在其中的作用，这无异于忽略了思政课实践教学服务于思政课教学的本质，那么思政课实践教学就极容易变成“放羊式”的、松散的自由活动了。所以，马克思主义学院应当成为思政课实践教学体系的主导者、协调者，思政课教师必须成为思政课实践教学内容的设计者和思政课实践教学质量的把关者。由于肩负如此重任，思政课教师队伍必须不断增强工作能力和教学本领，发挥思政课实践教学体系核心主导者的应有作用。

（三）“大思政课”理念要求思政课实践教学必须注重选择社会和时代内容

正因“大思政课”之“大”，所以社会内容和时代内容就成为加强和改进思政课实践教学的必然选择。习近平总书记强调：“思政课，我们要放在世界百年未有之大变

---

① 习近平．思政课是落实立德树人根本任务的关键课程［J］．求是，2020（17）．

局、党和国家事业发展全局中来看待，要从坚持和发展中国特色社会主义、建设社会主义现代化强国、实现中华民族伟大复兴的高度来对待。”① 所以，“大思政课”的教学内容一定要体现中华民族伟大复兴的战略全局、世界百年未有之大变局，在这一波澜壮阔的时代主题中寻找、选取、整合、运用当下极为丰富的教育素材。

在“大思政课”理念之下，思政课实践教学在内容供给上应考虑以下两个方面：一方面，社会生活是思政课实践教学内容的主要来源。“教学内容必须紧跟时代，紧扣社会现实，在其中挖掘学生‘看见过’的典型事例和人物，捕捉学生‘经历过’的社会热点和问题，用以服务教学内容。”② 思政课实践教学内容虽然根源于思政课教材，但是需要通过社会发展事实来对教材内容进行生动的阐释、深刻的印证，这就需要思政课教师能够及时了解、获取各类社会前沿信息，因此学校应当鼓励、支持思政课教师广泛参与社会调查、社会实践，确保思政课实践教学内容的社会意义和时代意义。另一方面，国际比较是思政课实践教学内容的重要手段。思政课教师要“用国际比较的方法讲好中国的故事，用对比鲜明的事实来回应那些否定、抹黑、质疑中国的声音，从正反两个方面来揭穿谎言、澄清真相、说明道理”③。因此，在思政课实践教学的安排中，我们还应当因时而动，通过新时代的伟大成就，引导学生在实践中加深对“中国之治”和“西方之乱”的比较，不断增强爱国情怀，自觉坚定理想信念。

三、“大思政课”理念下思政课实践教学的体系构建

一直以来，思政课实践教学在其建设发展过程中始终都有一些问题没有得到很好解决，比如，教学目标不够明确、内容不够聚焦、主题不够鲜明，难以对学生做到全覆盖，缺乏规范化的管理和及时有效的教学指导，教学形式单一，无法满足不同专业学生的多样化需求，等等。因此，要真正发挥好思政课实践教学的育人作用，必须将“大思政课”理念贯彻其中，学校党组织要加强统一领导，马克思主义学院要主动作为、积极协调，按照“大思政课”的要求，创新实施“四化并进”思政课实践教学模式，即“综合实践课程化、课内实践主题化、校园实践立体化、实践成果可视化”，促进思政课程、校园实践、专业实践、社会实践的有机统一、协同发展。

---

① 习近平．思政课是落实立德树人根本任务的关键课程［J］．求是，2020（17）．

② 史宏波，谭帅男．大思政课：问题指向、核心要义与建设思路［J］．思想理论教育，2021（9）．

③ 冯秀军．善用“大思政课”的三个维度［J］．思想理论教育导刊，2021（8）．

（一）综合实践课程化

目前，面向高校本科生开设的五门思想政治理论课，在人才培养目标上具有共性内容，但在具体的教学目标上又各有侧重。为实现五门理论课程的相互贯通、科学整合，避免各自为政、教学重叠，学校可以在五门理论课程中划出 2 个学分，也可以另外增设 2 个学分，以独立设置、独立运行、独立考核的方式，专门开设思想政治理论课综合实践课程。该课程可以设置“理论辅导、实践体验”两个教学环节。“理论辅导”主要讲授大学生社会实践的含义、选题、策划、实施、方法等问题，帮助学生掌握有关社会实践的基本步骤、基本方法、基本工具等重要知识。“实践体验”则是把思政课堂“搬”出教室，让学生走出校门、深入田间地头、走进企业工厂，具体来说就是根据教育部思政司年度工作要点相关要求，结合经济社会发展的现实要求与思政课教学重难点问题、形势与政策课热点话题，研究制定年度实践主题、内容、形式，由马克思主义学院、学校团委联合组织学生按要求开展社会实践活动，并及时进行经验总结与交流，加强实践成果转化。综合实践课程化的实施，能够有效克服“放羊式”实践的弊端，更加契合“两性一度”的金课建设要求，有利于打造一支专兼结合的实践教学队伍，加快推动建立一批稳定成熟的实践教学基地。

（二）课内实践主题化

五门思想政治理论课因其课程主题不同，各自开展不同形式和内容的课内实践，对帮助学生巩固课堂学习知识、深化理解和掌握教学重点难点问题是极其必要的。同样，为避免五门思政课在课内实践的安排上各自为政，出现形式单一甚至内容简单重复的现象，马克思主义学院应当统筹各门思政课围绕其主题分别制定课内实践教学方案，努力形成“一课一品牌”的课内实践教学格局，既使各门课程的特有学理能够展现，又使思想政治理论课的整体意蕴得以表达。比如，“马克思主义基本原理”的课内实践主题可以确定为“马克思主义，行”，在这一主题下围绕“假如没有马克思”“如何评价资本主义”“马克思主义为什么不会过时”等具体题目设计相关实践任务，引导学生在实践中进一步认识马克思主义是科学性与革命性的统一，进一步理解马克思主义是为人类求解放的科学学说；“习近平新时代中国特色社会主义思想概论”的课内实践主题可以确定为“中国化时代化的马克思主义，行”，在这一主题下围绕“习近平总书记对大学生有什么样的殷切期望”“如何为实现中华民族伟大复兴持续奋斗”等具体题目设计相关实践任务，让学生在实践中能够深刻领悟“两个确立”的决定性意义，在思想上、政治上、行动上同以习近平同志为核心的党中央保持高度一致，矢志不渝听党话、跟党走；“中国近现代史纲要”的课内实践主题可以确定为“中国共产党，能”，在这一主题下可以依托本地红色文化资源设计相关实践任务，引导学生在实践中深刻领会历史和人民是怎样选择了马克思主义、选择了中国共产党、选择了社会主义道路、选择了改革开放，更加坚定地在中国共产党的坚强领导下为实现中华民族伟大复兴而不懈奋斗。

（三）校园实践立体化

各门课程的教学实践、各类思想政治教育活动与思政课实践教学共同构成了内容多样、形式立体的育人共同体，我们才能说思政课实践教学体系得以建成。为避免各成体系、各有侧重、交叉重复，马克思主义学院必须作为主导核心力量，积极推动思政课有关竞赛、各学科专业实践和党委宣传部、学工处、校团委等部门的实践活动互为补充、有机结合。一是坚持对接教育部思政课竞赛项目。比如坚持开展“我心中的思政课”微电影大赛、“同上一堂思政课”等校内评选活动，帮助学生将思政课堂所学知识点进行回顾梳理、加工制作，进一步深化对教学重点难点问题的理解和掌握，同时鼓励学生积极地在更大的平台上展示自身的马克思主义理论素养。二是推动各类学科专业竞赛融入思政元素。思政课教师要充分了解“互联网+”“挑战杯”等学科专业竞赛项目的特点，特别是要对相关红色赛道竞赛规则加强学习研究，帮助学生拓宽眼界、打开思路，自觉将经济社会发展成就、中华优秀传统文化、社会主义核心价值观等思政元素亮点融入竞赛项目中去，这样既提升了学科专业竞赛的境界高度，又增强了思政教育的实践意义。三是主动融入学校“第二课堂”实践育人，与相关部门共同策划和梳理思想政治教育、学生思想引领类等活动，增强教师教学的针对性和吸引力，激发学生参与的积极性和主动性，唱响校园内的马克思主义主旋律。校园实践立体化的成功实施，有助于融合打造文化育人校园实验场，推进学校思政工作形成常态化、系统化、持续化格局。

（四）实践成果可视化

无论是综合课程、课内实践，还是校园、社会实践，都应当以学生的学习成效为导向，因此，我们需要对学生完成思政课实践教学任务的情况进行科学的考核，并遴选优秀成果予以表彰、宣传、推广，让学生能够掌握自身的学习状况，找到自己的学习坐标，树立未来的学习榜样。具体地说，马克思主义学院可以设置文艺创作、政策宣讲、学术科技、心得体会等不同形式的学生作业，让不同专业的学生都能有机会在思政理论、实践和专业理论、实践这二者当中找到融合创作的结合点。实践教学的考核应根据不同形式设立不同要求，并且要充分考虑个人与小组在考核标准上的区别。考核结束后，马克思主义学院可以联合校党委宣传部等部门，在大量的学生实践作品中评选优秀成果，通过网络、宣讲、舞台、汇编等多种形式在校园内开展巡礼活动，实现思政课实践教学的“好经验”“好做法”的可视化，促进优秀成果的育人辐射效应。

参考文献：

[1] 教育部等十部门关于印发《全面推进“大思政课”建设的工作方案》的通知［EB/OL］.（2022-07-25）［2023-03-26］.http：//www.gov.cn/zhengce/zhengceku/2022-08/24/content_5706623.htm.

[2] “‘大思政课’我们要善用之”（微镜头·习近平总书记两会“下团组”·两会现场观察）［N］.人民日报，2021-03-07.

[3] 韩可.课程论视角下“大思政课”的实施维度与实践理路［J］.思想理论教育，2022（5）：72-77.

[4] 习近平.思政课是落实立德树人根本任务的关键课程［J］.求是，2020（17）.

[5] 王学俭，施泽东.“大思政课”的科学蕴意和实践理路［EB/OL］.（2022-03-24）［2023-03-26］.https：//m.gmw.cn/baijia/2022-03/24/35608988.html.

[6] 史宏波，谭帅男.大思政课：问题指向、核心要义与建设思路［J］.思想理论教育，2021（9）.

[7] 冯秀军.善用“大思政课”的三个维度［J］.思想理论教育导刊，2021（8）.

（张燕明，武汉传媒学院马克思主义学院副教授；
冷馥辰，武汉工商学院助理研究员）

戏剧与影视学科“课程思政”教学路径研究

◎姜　虹

摘　要： 戏剧与影视学科作为艺术学门类下的一级学科，自身具有明显的思政属性。在戏剧影视学科教学实践中，我们将从创新教学理念、挖掘课程思政元素、整合课程内容、优化考核方式等方面，将“课程思政”与专业学科相结合，努力挖掘戏剧影视学科自身的思政元素，为“立德树人”“全程育人”等目标的实现打下扎实的基础。

关键词： 戏剧与影视学科；课程思政；教学

戏剧与影视学科主要基于戏剧影视美学与批评、影像研究、电子媒介交织的文化艺术属性研究，以及各类语言传播现象的研究，探索戏剧与影视创作规律，并通过对当代影视戏剧理论与事件发生、发展的考量将艺术理论和美学原理融入戏剧与影视的研究和创作中。[①] 探索戏剧与影视学科“课程思政”教学路径，不仅是学科专业建设的要求，也是促进专业人才培养的关键。

一、戏剧与影视学科的思政属性

“课程思政”是将思想政治教育贯穿专业教学、人才培养、学生管理的整个过程中，最终实现立德树人的根本目的。在实践操作中，教师要发挥主渠道课堂教学的作用，实现课程知识与思政教育的有机融合，增强“课程思政”在人才培养中的渗透力、感染力和影响力。戏剧与影视学科作为一门综合型艺术学科，在促进文化传承创新方面发挥不可替代的作用，具有丰富的思政资源和实践优势。

---

① 参见 http：//www.8766.net/gaokao/680.html.

（一）戏剧与影视学科的思政教育

戏剧与影视学科的专业教学中有许多古今中外的优秀戏剧影视作品，这些作品本身就具有明显的思政价值。在戏剧与影视学科的教学过程中，将思政元素与戏剧、影视等艺术表现形式有机融合，可以实现立德树人的根本目的。教师要引导学生学习、传承中华优秀传统文化，了解历史文化的发展脉络以及中国悠久历史文化的特点和精神内核，增强文化自信和民族自豪感。

（二）戏剧与影视学科的美育教育

美育教育的思政属性是要引导学生树立正确的审美观，培养学生对于美的鉴赏能力和创造能力。正确的审美观、对美的鉴赏能力代表了一个人在思维方式、思想观念、审美情趣、文化底蕴等方面的综合水平。戏剧与影视学科的学生要能够深入分析艺术作品的思想内容和内涵，把握作品中人物的思想情感和心理世界，用艺术语言准确、生动、形象地表现出作品主题。

（三）戏剧与影视学科的行业思政要求

戏剧与影视学科的学生毕业后多数会进入戏剧影视行业，成为该行业的文艺工作者。2014 年 10 月 15 日，习近平总书记在文艺工作座谈会上强调，文艺是时代前进的号角，最能代表一个时代的风貌，最能引领一个时代的风气。实现“两个一百年”奋斗目标、实现中华民族伟大复兴的中国梦，文艺的作用不可替代，文艺工作者大有可为。广大文艺工作者要从这样的高度认识文艺的地位和作用，认识自己所担负的历史使命和责任，坚持以人民为中心的创作导向，努力创作更多无愧于时代的优秀作品，弘扬中国精神、凝聚中国力量，鼓舞全国各族人民朝气蓬勃迈向未来。[①] 因此，作为从事戏剧影视行业的文艺工作者，要在思政的引领下，与时代的发展同频共振，同向而行，站在中国土地上，讲好“中国故事”。

① 培育和弘扬社会主义核心价值观 实现中华民族伟大复兴的中国梦——习近平总书记关于文艺、教育、宣传思想重要讲话摘录[J]. 音乐传播，2015，24（1）：1-6.

二、戏剧与影视学科“课程思政”教学中存在的问题

《全面推进“大思政课”建设的工作方案》指出要全面推进“大思政课”建设，即既要建设思政课程，也要将思政内容如“春风细雨”般融入专业课程和其他课程中。目前，戏剧与影视学科“课程思政”教学中还存在一些问题亟须解决。

（一）戏剧与影视学科“课程思政”教学缺乏整体设计

“课程思政”的整体教学设计不强，缺少规划，没有形成合力。戏剧与影视学科是艺术学门类下的一级学科，随着科技发展和跨学科融合教学改革理念的推进，戏剧与影视学科与新闻传播学、艺术学、文学都开始有知识和技能方面的交叉融合。但是，目前戏剧与影视学科的课程思政设计缺少规划，并未形成合力，没有实现各学科领域内容的有机融合。这种情况导致该学科教师在授课过程中不能真正发挥专业优势和育人优势，更谈不上将思政元素融入专业教学活动之中。

（二）“课程思政”与戏剧与影视学科教学内容融合度不够

目前，“课程思政”与戏剧与影视学科的专业课程内容不够融合，存在“两张皮”的现象。这就要求教师在教学过程中，既要注意知识点的内部逻辑关系，采用适当的教学方式和方法引导和教育学生，也要帮助学生树立正确的世界观、人生观和价值观。

（三）戏剧与影视学科“课程思政”教学手段单一

“课程思政”融入专业教学，需要将课程的专业知识与思想政治理论知识相结合，同频共振。目前，许多教师仍然以讲授为主，教学方法单一，教学内容单调，课堂氛围沉闷，这导致“课程思政”教学效果不佳。在戏剧与影视学科的专业课程教学中，教师需要教授学生该学科的基本知识和理论，并开展专业实习和实践活动；需要通过创作和表演等实践环节增强学生对“课程思政”的感性认识；需要通过对优秀作品的解读和分析来引导学生提高自身的文化修养、人文素养；需要组织学生参与专业实践活动、社会服务活动等，提升学生的实践能力、社会责任感以及创新精神。

（四）戏剧与影视学科“课程思政”教学资源缺乏统一建设

戏剧与影视学科“课程思政”教学资源缺乏统一建设，是目前面临的最主要问题。虽然各个高校对“课程思政”教学资源建设的重视程度日益提高，但仍缺少对于整个学科“课程思政”的整体建设，多为“单兵作战”，这样就会有同一个思政案例在不同专业课程中反复出现的现象，这种反复出现在不同专业课程中的同一个案例势必让学生感到厌倦，达不到思政育人的目的。

（五）戏剧与影视学科“课程思政”教学考核评价机制不健全

高校思政教育最终要通过教学效果来检验。从现有的考核机制来看，大部分高校思政教育考核评价不能做到全覆盖，部分高校甚至还没有对课程思政的教学效果进行综合考评。从课程思政建设的角度来看，教师对“课程思政”的认识不到位，缺乏行之有效的“课程思政”教学效果的评价方式。有的高校虽然提出了考核评价的基本要求，但在实际操作中存在重专业知识、轻政治理论，重课堂教学、轻社会实践的现象。此外，部分高校还存在对课程思政建设重视不够，考核缺乏针对性和科学性的现象。目前，我国高校尚没有形成一套完善的、科学有效的课程思政考核评价体系，这与我国高校“立德树人”教育根本任务的要求不相适应。

三、“课程思政”在戏剧与影视学科中的实现路径

（一）提高专业课教师参与“课程思政”建设的能动性

专业教师一方面要从思想上树立“课程思政”的教学理念，主动将“课程思政”建设与专业课程教学进行融合，掌握融合的方法和关键点；另一方面，要深入挖掘专业课程中蕴含的“思政元素”，把课程内容与思政内容有机地结合起来。戏剧与影视学科涉及的戏曲艺术、戏剧美学、中国古代戏剧等文化内容都蕴含着丰富的德育元素，教师要在教学过程中予以适当融合。例如，在讲解中国戏曲表演理论时，教师可以通过《窦娥冤》《牡丹亭》等经典剧目阐释中国戏曲的“写意精神”，分析其中的人物形象等。

（二）挖掘“课程思政”元素，优化专业课教学内容

教师可以在专业课教学过程中，将专业课程的知识体系与思政教育相融合。例如，在“编剧基础”这门专业课上，教师可引导学生从艺术表现方法、创作理念、审美标准等方面深入分析中西方戏剧作品的创作规律以及各自的独特风格。同时，教师还可以引导学生从文化自信的角度出发，解读我国传统戏剧作品中所蕴含的优秀文化艺术精髓。

（三）创新教学方法，实现教学模式多元化

首先，教师在“课程思政”教学中要强化问题意识，注重将“课程思政”融入教学的各个环节之中，针对新时代学生的认知特点，不断对教学方法进行创新和改革，探索新的教学模式和教学理念，做到与时俱进。教师在进行“课程思政”教学时，要因势利导，针对当代大学生所面临的就业压力、人生规划、精神信仰等问题，提出自己的见解，用思政理论知识为学生答疑解惑。专业教师要结合戏剧与影视学科的专业特点和优势开展课堂思政教学。

（四）整合“课程思政”资源，发挥各类课程协同效应

戏剧与影视学科的“课程思政”资源建设，应发挥各类课程协同效应，实现“课程思政”资源一体化。一方面，要注重理论、实践的结合，在教学实践中以“课程思政”理论为指导，将理论教学最终付诸实践。另一方面，要加强教师之间的交流。“课程思政”建设是一项系统、复杂的工程，需要思政教师与专业课教师共同努力合作完成。教师之间的交流与合作有利于增进教师对当前“课程思政”建设情况、教学效果以及学生思想动态、学习情况等信息的了解。另外，教师之间也可以就“课程思政”建设过程中出现的问题进行沟通、交流和探讨，从而解决问题、促进发展。

结语

戏剧与影视学科的“课程思政”建设是一项艰巨、长期的系统工程，需要学校、教师、学生的共同努力。戏剧与影视学科有着与生俱来的思政属性。为了培养讲好“中国故事”的文艺工作者，戏剧与影视学科应充分发挥自身的学科优势，在专业课中

积极融入思政元素，实现立德树人的根本目的。

参考文献：

[1] 胡智锋. 新文科建设背景下戏剧与影视学科创新发展的若干思考 [J]. 现代传播（中国传媒大学学报），2021，43（2）：1-5.

[2] 张燕. 新文科建设背景下戏剧影视学科发展的新范式 [J]. 浙江师范大学学报（社会科学版），2021，46（1）：9-10.

[3] 祝华东. 思想政治教育融入戏剧影视类专业课程的教学实践 [J]. 美与时代（上），2018，（11）：104-106.

（姜虹，武汉传媒学院教师）

课程教学

融合信息技术的同伴教学法在高校思政课教学实践中的应用研究*

◎罗晶晶

摘　要：在高校思政课教学中引入融合信息技术的同伴教学法有助于达成教学目标，提升教学实效。想要成功实施同伴教学法，必须转变教师的教学理念和学生的学习观念，精准发掘、合理设置课内议题，依托移动教学平台优化教学设计，同时提升教师的理论素养和课堂驾驭能力。

关键词：信息技术；同伴教学法；高校思政课教学

一、融合信息技术的同伴教学法在高校思政课教学中的应用价值

（一）基于问题导向的同伴教学法能契合高校思政课的教学需求

同伴教学法是由哈佛大学教授埃里克·马祖尔在大学物理课课程教学改革中探索出的一种教学方法。他在教学中发现，经过课堂上教师的精心讲授，学生虽然记住了一些既定的知识和结论，却往往并未真正理解这些知识点背后的物理学原理，学习之后的测试显示学生对概念的理解没有发生积极的变化，学生解决问题的能力也未能得到有效提升。在意识到传统教学方法的不足后，马祖尔教授尝试要求学生以阅读资料的方式完成课前预习，课堂上教师不再按照教科书编排的体系顺序从头讲到尾，而是重构教学内容，围绕课程的重要概念设计教学单元，借助教室应答系统或选项卡片组织学生做概念测试题，了解学生对概念的理解程度，发现学生前期自学中未解决的疑难问题，再组织学生分组讨论，变传统的单向讲授为基于问题的自主学习和合作探究。

* 本文系武汉传媒学院 2021 年校级教学改革研究重点项目“基于移动教学平台的同伴教学法在思政课教学中的应用研究”（XJ202106）的研究成果。

如此改革后，马祖尔教授发现教学效果明显更有成效，他也因此获得了首届全球高等教育最高奖——密涅瓦奖。

马祖尔教授创立的同伴教学法无疑对我国高校思政课的教学改革是有启发的。同伴教学法具有鲜明的问题导向，马祖尔教授就是为了发现和解决物理课学习中真正的疑难问题，支持和帮助学生深度学习以澄清问题而重构教学设计、革新教学方法的。我国高校思政课是立德树人的关键课程，按照中共中央宣传部、教育部印发的《新时代学校思想政治理论课改革创新实施方案》的要求，大学阶段的思政课重在增强学生的使命担当。① 而如果思政课上学生感到疑惑的问题得不到透彻的解释，则“增强使命担当”的课程目标肯定难以达成。所以，党的十八以来，习近平总书记在关于高校思政课建设的诸多重要论述中，都非常强调思政课教学要坚持问题导向、增强问题意识。在世界百年未有之大变局和中华民族伟大复兴的战略全局同步交织、相互激荡的大背景之下，全球发展的不确定性增强，诸多的时代之问摆在人类面前，当代大学生在其间生活成长，有太多的“为什么”需要解答。高校思政课在教学过程中要回应好学生关心的问题，必须强化教学方法的改革。习近平总书记曾强调：“要注重启发式教育，引导学生发现问题、分析问题、思考问题，在不断启发中让学生水到渠成得出结论。”② 在 2017 年 5 月 3 日考察中国政法大学时，习近平总书记再次强调“青年时期是培养和训练科学思维方法和思维能力的关键时期”，要“保持对新事物的敏锐，学会用正确的立场观点方法分析问题，善于把握历史和时代的发展方向，善于把握社会生活的主流和支流、现象和本质”，“养成了历史思维、辩证思维、系统思维、创新思维的习惯，终身受用”。③ 以上论述皆说明，思政课的教学不是要让学生死记硬背概念和原理，而是要注重科学思维方法和思维能力的训练，教师要用恰当的教学方法培养学生分析解决问题的能力。

同伴教学法作为问题导向的教学方法，致力于帮助学生发现他们没有真正理解的问题，启发学生在同伴互助的过程中阐释自己的观点，倾听别人的陈述和质疑，反思自己和他人的观点，通过讨论与推理共同寻找问题的答案，洞察事物的本质。这种教学方法相较于单纯讲授法更能够使学生摆脱盲从和轻信，掌握科学的思维方法，锻炼自己分析解决问题的能力。因而，同伴教学法明显能助力高校实现思政课的教学目标。

---

① 参见 https：//www.gov.cn/zhengce/zhengceku/2021-01/01/content_5576046.htm.

② 习近平 . 思政课是落实立德树人根本任务的关键课程［M］. 北京：人民出版社，2020：22.

③ 习近平 . 立德树人德法兼修抓好法治人才培养 励志勤学刻苦磨炼促进青年成长进步［EB/OL］.（2017-05-04）［2023-04-10］.http：//politics.people.com.cn/n1/2017/0504/c1024-29252342.html.

教师可以在教学中引入同伴教学法，重构教学内容，在课前布置预习任务，围绕重难点概念、重大现实问题和理论热点设置思考题，课内通过测试了解学生的学情，发现学习的盲点和疑难点，引导学生小组讨论、班级交流，教师主要针对讨论中的“堵点”释疑解惑，启发学生寻求问题的答案。如此这般，教师即可在引导学生自觉求解的过程中培养学生的探究能力，讲透思政课的道理。

（二）同伴教学法能促进信息技术与高校思政课教学的深度融合

近几年来，大数据、云计算、移动互联网、人工智能等新一代信息技术的发展日新月异，高等教育教学的形态随之也发生了变化，推进信息技术与教育教学融合创新发展成为我国教育工作的重点。在此时代背景下，高校思政课教学也迎来了理念更新、模式变革和体系重构，越来越多的教师利用建立在云端基础上的网络资源平台和移动教学平台来开展在线教学或混合式教学。特别是新冠疫情暴发后，融合信息技术的在线教学实现了“停课不停学”，保障了众多学子受教育的权利，催生了全国范围内传统课堂的革命性变革。教育部高等教育司司长吴岩不禁感叹：“我们再也不可能、也不应该退回到疫情发生之前的教与学状态，因为融合了‘互联网+’‘智能+’技术的在线教学已经成为中国高等教育和世界高等教育的重要发展方向。”[①] 在广大教育工作者顺势而为、积极探索科技赋能教育的教学新模式的同时，高校教师越来越体会到信息技术的单纯引入并不必然带来教学效果的强化，没有好的教学方法，信息技术反而可能成为离间师生关系的元凶。信息技术与教育教学的深度融合必须解决好教学方法创新的问题。如若教学理念和教学方法不更新，信息技术最多是工具性的硬植入，难以真正有效变革教学模式、提升教学实效。

正如爱因斯坦曾指出：“只懂得应用科学本身是不够的，关心人的本身应当始终成为一切技术上奋斗的主要目标。”[②] 因此，信息技术与教育教学的深度融合必须回到“以学生为中心”的教育理念，关注学生的成长需求，思考教育到底要培养什么样的人，教育在人的成长中究竟应起到怎样的作用。1994 年“国际 21 世纪教育委员会”向联合国教科文组织提交了一份题为《学习：内在财富》的报告，其中指出：“终身学习是 21 世纪人的通行证。”终身学习特指“学会求知，学会做事，学会共处，学会做

① 再也不可能、也不应该退回到疫情发生之前的教与学状态［EB/OL］.（2020-05-15）［2023-4-10］.https：//https：//m.thepaper.cn/baijiahao_7412480.

② 爱因斯坦 . 爱因斯坦文集（第三卷）［M］. 北京：商务印书馆，2013：89.

人。”这是21世纪教育的四大支柱，也是每个人一生成长的支柱。①在技术快速更新迭代的背景下，教育不能局限于知识的传递，而更应使学生学会学习，教会学生终身学习的方法，培养学生养成主动思考的、持续探索的、批判创新的、与他人合作探究的良好学习习惯。因此，2019年我国《教育部关于一流本科课程建设的实施意见》中明确强调：“强化现代信息技术与教育教学深度融合，解决好教与学模式创新的问题，杜绝信息技术应用的简单化、形式化。强化师生互动、生生互动，解决好创新性、批判性思维培养的问题。”②

同伴教学法不同于传统的以教师为中心、教师讲解为主的教学模式，它遵循以学生为中心的教学理念，认为教师的责任不是“教书”，而是“教学”，教师需要引导和激励学生在合作中学会学习。在学习过程中，学生不是封闭孤立的学习个体，大家在相互对话中实现思想的碰撞、情感的交互，在共同解决问题中学会批判与反思、分工与合作。显然，在培养学生的创造性思维、高水平推理和批判性思维能力上，同伴教学法更有优势，也更符合21世纪人才培养的需求。当高校思政课教师将信息技术与同伴教学法融合起来，创建出优质资源推送、立体交流互动、动态数据分析、即时评价反馈的课堂，课前学生线上自主学习，课堂内依托网络教学平台和便携式移动终端设备，师生、生生共同交流研讨，学生的学习兴趣、学习能力和学习信心就会得到有效提升，能正确认识、全面分析、客观评价重大理论与现实问题，增进政治认同与使命担当，科技赋能教育的意义方能真正得以显现。

二、融合信息技术的同伴教学法在思政课教学中成功实施的关键要素

（一）教师教学理念和学生学习观念的转变

当下，信息技术的迭代升级，特别是人工智能时代的加速到来，给高等教育带来了不小的压力和挑战。ChatGPT问世后，有专家就指出，“在知识生产方式不断发展的情况下，对于独创性的考查将更加重要。我们不能原地踏步，仍以分数、做题的速度和效率等为单一标准，而应转变观念，在技术基础上强调更高层次的独创性，着重

① 终身学习贯穿人的一生的学习过程[EB/OL].（2021-04-16）[2023-04-10].https：//baike.baidu.com/item/终身学习/1788744?fr=aladdin.

② 教育部关于一流本科课程建设的实施意见[EB/OL].（2019-10-31）[2023-04-10].http：//www.moe.gov.cn/srcsite/A08/s7056/201910/t20191031_406269.html.

培养学生的独立思考能力和创新能力”[①]。教师是教学的主导者，面对时代的发展变化，高校思政课教师必须因时而变、因势而变，转变教学理念，以学生为中心去思考“好的教育应该是什么样的”；教师需要跳出原有的舒适圈，改变长期形成的教学习惯，探索新的教学方式。教师是否能更新教学理念并付出大量精力专研新的教学方法，是同伴教学法在思政课教学中成功实施的前提。

同伴教学法的实施不仅需要教师变革教学理念，而且也需要学生转变学习观念。我国中小学教育在相当长的一段时间里一直提倡讲授式的教学方法，学生已经习惯了被动学习，通过刷题考试检验自身的学习成效，缺乏与他人合作学习的体验。同伴教学法要求学生主动学习，自主规划学习活动，积极地在人前展示自己，与他人相处能做到求同存异、兼收并蓄。学生进入大学后，面对新的教学方法，有一个重新适应的过程，需要知悉合作学习的教学目标和意义，了解同伴学习的基本流程、规则和注意事项，并在教师的带领下去尝试、去实践，学会提前预习以及和同伴研讨。在这个过程中，学生最初可能会感觉学习负担变重，没有单纯听课那么轻松自在，性格内向的学生甚至可能面临一定的心理压力。学生如果不能在教师的引导下重塑学习观念，突破自我限定，同伴教学法要想高效实施也比较困难。

（二）课内探讨议题的精准发掘和合理设置

同伴教学法的应用是为了通过同伴研讨和教师精讲澄清学习中的疑难问题，帮助学生提升自己的思维能力，悟透思政课的道理。教师在应用同伴教学法的过程中，首先要精准地把脉，找准问题，然后才能进行有效的教学设计，这样合作学习才可能真正发生。教师首先需要通过以下方式来提炼同伴研讨的问题：（1）研读统编的思政课马工程教材，总结归纳教材中的重难点问题，明晰教学目标；（2）通过线上问卷等方式了解学生高度关注的问题、存有疑惑的问题和认知已陷入误区的问题；（3）通过问卷反馈数据或预习任务完成情况了解学生的学习基础等基本学情。教师在了解以上信息后，才能有的放矢地进行课内探讨议题的设置，并根据学生课堂讨论的实际调整教学节奏，支持和引导学生廓清认知的误区。

课内探讨议题的设置还必须充分考虑大中小一体化建设思政课的要求。统筹推进大中小思政课一体化建设是提升思政课教学质量的关键。根据大中小思政课一体化建设“循序渐进、螺旋上升”的总要求，结合最近发展区理论，教师在课内议题设置上

① 朱昌俊 . ChatGPT 火了，教育需要双重应对［N］. 中国教育报，2023-02-2（2）.

要在学生前期学习已经达到的水平基础上搭设“支架”，设置阶梯性的、难度合理的议题，引导学生“踮踮脚”去达到可能的发展水平。在实际操作中，教师可以先做“减法”，对于先修课程中已涉及的常识性问题和新课中的基础知识，可以在线上提供相关学习资源，供学生回顾与预习。在课堂内，教师通过同伴学习的方式做“加法”，议题探讨紧扣课程疑难点和学生认知误区，体现理论深度和现实温度，叠加鲜活的新案例、新素材，让学生在回溯旧知的基础上通过议题探讨有新的思考和感悟，了解社会变迁的新理念、新思想、新成果，引导学生在融通不同学科、不同文化资源的基础上开阔视野，感受到大学思政课的高度和品味。

（三）依托移动教学平台优化整体教学设计

同伴教学法是马祖尔教授基于合作学习理论创立的。2002 年，约翰逊兄弟阐明了合作学习的 5 个基本要素，包括：（1）积极的相互依靠，小组内的学生相信他们是同舟共济的，有共同的目标，共享学习资源；（2）面对面的互动促进，小组成员互帮互助，互相激烈竞争促进彼此的学习；（3）个体的责任制，每个组员必须为整个小组做出应有的贡献，不能“搭便车”；（4）人际和小组相处技巧，小组成员必须清楚如何与其他成员交流、彼此接纳，建设性地解决冲突，掌握合作必需的社会技能；（5）小组工作过程的反思，小组要定期讨论反思如何有效合作，维护成员间的良好合作关系。[①] 同伴教学法的成功实施亦须如此。学生不可能自发地懂得这 5 个要素如何达成，这就需要教师依托移动教学平台设计好教学流程和相应的规则。

从本校的教学实践来看，同伴教学的实施需要精心设计以下几个环节：（1）引导学生分好学习小组。教师可以通过在线问卷和学习风格测评提前了解学生的基本情况。理想的学习小组成员应有 4—6 人，学情基础相似，以 2—3 种学习风格为宜，最好其中有高中必修过政治的学生，这样搭配才能促使学生之间有效地沟通合作。（2）教师要清楚地说明同伴学习的步骤、行为规则和评价标准。课程评价标准对教学活动的开展有极强的辅助和导向作用，实施同伴教学法必须构建以形成性评价为主的多元评价模式。在课程评价的分值权重设置中，预习任务和课内研讨占比应偏高。教师利用信息技术收集学生参与式学习数据，并予以及时反馈，引导学生熟悉和适应同伴学习这种新方式。（3）预习任务和课内探讨议题的设置须有所呼应。预习任务如果是视频资料，附带思考题或测试题更佳。教师在课堂内通过线上测试或提问了解学生的预习情况，同伴研讨须

① 张萍 . 基于翻转课堂的同伴教学法原理 · 方法 · 实践［M］. 北京：人民邮电出版社，2017：25-26.

呼应预习中未理解的疑难点设置开放性议题，教师精讲学生探讨中未能解决的“堵点”，让学生学会用马克思主义的基本立场、观点和方法来分析问题，体会真理的魅力。

（四）教师理论素养与课堂驾驭能力的提升

实施同伴教学法对教师的综合能力要求更高。虽然看似教师课堂内需要讲授的内容比传统教学法更少，但实际上，少讲、精讲更考验教师的能力水平。教师首先必须具备深厚的理论功底。特别是高校思政课融思想性、政治性、科学性、理论性、实践性于一体，教师不仅要通过读原著、学原文和悟原理，真正学懂弄通马克思主义的科学理论，还要广泛涉猎其他哲学社会科学以及自然科学的知识。在此基础上，教帅才能钻研吃透整门课程，进而重构教学内容、合理设置预习任务和课内议题，并为学生释疑解惑。

信息技术融入教育教学在很大程度上扩展了学习的时空，方便学生实现“时时、处处、人人”可学的跨时空资源共享，但丰富优质的线上资源必须与线下高质量的面对面交流相结合才能使教育信息化的效用最大化。在线下交流中，教师需要引导小组成员在设定的时间内陈述观点、坦诚交流、追问质疑、处理冲突、求同存异，还需要根据学情反馈及时调整教学进程和设计，恰如其分地回应学生关心的问题，甚至需要解决一些突发状况，这毫无疑问对教师的课堂把控能力提出了更高要求。所以，实施同伴教学法要求教师的理论素养和课堂驾驭能力双向提升。

参考文献：

［1］习近平．思政课是落实立德树人根本任务的关键课程［M］．北京：人民出版社，2020：22.

［2］习近平．立德树人德法兼修抓好法治人才培养 励志勤学刻苦磨炼促进青年成长进步［EB/OL］．（2017-05-04）［2023-04-10］．http：//politics.people.com.cn/n1/2017/0504/c1024-29252342.html.

［3］再也不可能、也不应该退回到疫情发生之前的教与学状态［EB/OL］．（2020-05-15）［2023-4-10］．https：//https：//m.thepaper.cn/baijiahao_7412480.

［4］爱因斯坦．爱因斯坦文集（第三卷）［M］．北京：商务印书馆，2013：89.

［5］终身学习贯穿人的一生的学习过程［EB/OL］．（2021-04-16）［2023-04-10］.https：//baike.baidu.com/item/终身学习/1788744?fr=aladdin.

［6］教育部关于一流本科课程建设的实施意见［EB/OL］．（2019-10-31）［2023-04-10］.http：//www.moe.gov.cn/srcsite/A08/s7056/201910/t20191031_406269.html.

［7］朱昌俊．ChatGPT 火了，教育需要双重应对［N］．中国教育报，2023-02-2（2）.

（罗晶晶，武汉传媒学院副教授）

传媒类高校基于BOPPPS模型的思政课混合教学设计探究

——以“马克思主义基本原理”课为例*

◎田爱玲

摘　要：“马克思主义基本原理”作为落实立德树人根本任务的关键课程，在高校思政课体系中意义重大，有效的课堂教学设计能更好地实现教与学。传媒类高校学生由于其理论基础、专业特点及个性发展不同，教师需要进一步结合时代特点、学校性质、学生学情等进行课程设计。BOPPPS模型以有效的教学结构著称，通过导入、教学目标、前测、参与式学习、后测和总结六个模块构成完整的课堂环节。各环节以目标为导向，强调参与式互动。本文所探讨的正是以BOPPPS模型为基础，结合“原理”课的教学内容和学生学情，运用现代信息技术统合线上线下教学资源，进行混合式课堂教学设计，以此丰富课堂教学手段，突出学生的主体地位，鼓励学生积极融入课堂，探索新时代思政课的教学改革路径。

关键词：传媒类高校；BOPPPS模型；马克思主义基本原理；教学设计

“马克思主义基本原理”（以下简称“原理”课）是高校公共必修课的重要课程之一。通过课程学习，学生需要领会马克思主义的根本性质和整体特征，能运用马克思主义立场、观点、方法分析和解决问题，进而坚定共产主义远大理想和中国特色社会主义共同理想，并能结合自身专业知识和马克思主义最新理论成果助力中国特色社会主义建设。该课程具有较强的理论性、抽象性和整体性。传媒类高校学生在理论基础、专业发展等方面有其自身特色，因此作为高校思政课教师，我们需要结合“原理”课的教学内容和学生学情，运用现代信息技术统合线上线下教学资源，选择有效教学手

* 本文系武汉传媒学院校级教学改革研究一般项目“立德树人视域下传媒类本科院校‘马克思主义基本原理’课教学目标达成与优化探究”（XJ202117）的阶段性成果。

段促进课程学习。BOPPPS是教师进行教学设计及课堂组织的一种行之有效的教学模式，它可以帮助教师转变教学理念，规范教学流程，促进师生互动，提高教学效能。

一、前端分析

（一）学习者分析

传媒类高校学生多为艺术生，涵盖播音、新闻、表演、设计、动画等专业。高校“原理”课需要根据各专业的人才培养方案（即旨在培养具有坚定的马克思主义新闻观的视听媒体复合应用型人才、全媒体应用型传播人才、新媒体实践性新型传媒人才、应用型文化产业项目管理人才等），把握艺术类学生的共同点，进行教学设计。

（二）学习内容分析

“原理”课的学习目的主要是培养学生树立马克思主义观，把握世界发展、人类思维、社会更替的一般规律；帮助学生认清“二战”后资本主义的变化及其实质，理解资本主义的历史地位及其为社会主义所取代的历史必然性；引导学生把握科学社会主义的基本原则、共产主义社会的基本特征，坚定理想信念，积极投身新时代中国特色社会主义事业建设。“原理”课的每一部分内容都涵盖了新时代媒体人应该遵循的基本准则。在课堂教学中，教师应根据各专业学生的实际情况，选取相关学习内容，进行有效教学设计。

二、课程设计

（一）线上资源建设

1. 课程资料全覆盖

课程课件、教学大纲、实践方案、作业库、微课等均可在学习通平台上呈现，学生可随时随地下载查看。

2. 课程内容巧安排

结合学生学情和教学内容安排，以概念类、人物类、事件类、导读类、主题类、案例类动画微视频等作为线上学习任务点和知识点。微视频是以视频、音频、图片为主要元素的短视频，它具有时长较短、内容精炼、形式新颖、应用灵活等特点，可以为课堂教学应用和学生的个性化、碎片化学习创造便捷条件，从而能够有效提升思政教育的教学效果。教师可根据各专题的学时分布以及对学生所掌握知识情况的了解，将相关知识点有选择性地录制成微视频。此外，教师应积极学习最新的理论成果，将最新的会议精神融入“原理”教学中来，让学生能够及时了解时事、分析时事，做到学以致用。

（二）线下教学实施

BOPPPS 模型包括六个模块，即导入、教学目标、前测、参与式学习、后测和总结。

1. 有趣务实的课程导入

课程导入既可以从熟悉的事物入手，串联起媒体新闻时事、专业相关的有趣活动，也可以从学生陌生的角度切入，由教师提出专业挑战性问题，来激发学生的求知欲。所有案例的选择都应符合主流价值观导向，切忌过于标新立异。

2. 清晰明确的学习目标

教学资源、教学设计、教学实施、教学评价都应围绕学习目标来进行。明确学习目标主要涵盖四个方面：一是学习主体要明确；二是呈现方式要可达；三是学习内容要清晰；四是学习效果要可测。“原理”课的理论性虽强，但其真理性经过时代检验，是认识世界变化、国家发展、社会进步、个人成长的科学真理。因此，清晰明确的学习目标，可以让学生在学习和掌握马克思主义基本立场、观点和方法中树立马克思主义新闻观；在坚持理论结合实际的马克思主义学风的引领下，能进一步端正认识，健全人格，提高媒介素养；最终引导学生将马克思主义内化于心、外化于行，坚定理想信念，助力民族复兴，成为新时代的优秀媒体人。

3. 基于学情的有效前测

教师应熟悉高考政策，了解不同专业的学生生源，掌握学生的知识储备情况。基于学习目标的前测可以通过正式的问卷调查或非正式的提问等方式来进行。教师应鼓励学生带着问题去思考。聚焦于学习目标的前测可以使学生深度融入课堂。

4. 有效入心的参与式学习

根据美国全国培训研究所（NTI）提供的数据，学生在学习 24 小时后，平均保持率较高的学习方式主要为讨论、在线联系、对所学内容的立即运用等，即主动学习；而传统讲授课堂的保持率则较低。教育革命的核心在于课堂革命，教师应改变学生的思维方式，培养其创新与实践能力，成为课堂主体，而教师自身则应充当引导者的角色。

保罗·哈尔莫斯说：“最好的学习方式就是去做，最糟糕的教学就是告知。”要想让学生从被动学习转为主动学习，教师就要走下讲台，与学生共同探讨，相互交流。这种有效的参与和互动是调动学生积极性的关键。

5. 围绕目标的课后检测

与前测相对应，围绕学习目标的课后检测是检验课程学习效果的重要一环。结合“原理”课的课程特点，教师可以从以下几个方面设置课后检测：以判断、选择、连连看、简答等形式进行知识测验；以文本协作、问题解决等方式进行分析测验；以情境分析、量表评定等方式进行综合评估测验；以作品展示的方式进行应用检测；以日志等方式进行价值观检测。

6. 精炼有力的课堂总结

课堂总结对于检验课程学习效果来说是必不可少的。教师要运用精练的语言，提取关键词，帮助学生在整合知识点的基础上快速巩固所学到的知识。此外，教师还要注重培养学生的媒介素养，让学生自觉将马克思主义内化为行为准则。

三、课程评价

课程评价包括过程性评价和总结性评价。其中，过程性评价包括微视频构成的线上任务完成情况、案例讨论中的互动频次考查、课堂测验掌握的阶段性学情、呈现实践成果的 PBL 汇报等。通过学习通平台上呈现的实时数据，教师可以及时掌握学生的学习进度，并根据学习进度对学生进行督学，分批次、有针对性地实施任务提醒。

总结性评价主要是期末闭卷考试。教师应注重结合时事材料考核学生对相关知识点的掌握，结合学生的专业特点，设置不同类型的考卷考题，进一步帮助学生树立马克思主义观。

作为高校公共必修课之一，“马克思主义原理”需要在不断地创新和总结中才能更好地发展。教师应在内容上不断汲取原著力量，深化理论认知，结合传媒类高校的学生特点，强化培养学生的媒介素养，实现原理内容与专业发展的守正创新、阶性提高，促进教学成果的有效转化；在教学方法上持续创新，结合教育学原理和 BOPPPS 模式的运用，延伸“原理”课堂，建立教学实践基地，推动体验式教学。同时，高校应加强青年教师队伍建设，为落实立德树人根本任务贡献更多的力量。

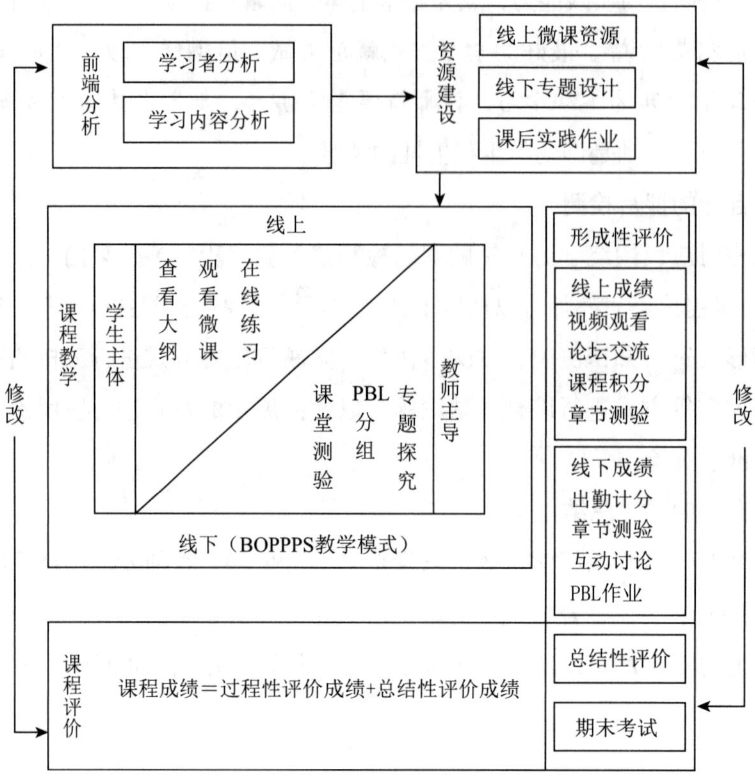

图 1

参考文献：

[1] 本书编写组 . 马克思主义基本原理［M］. 北京：高等教育出版社，2023.

[2] 胡翊珊 . 基于 BOPPPS 教学模式的思政课参与式学习研究［J］. 思想政治课教学，2022（5）.

[3] 喻婷婷 . 基于信息化平台的思政课 POPPPS 教学模式探索［J］. 现代商贸工业，2022（11）：172-173.

[4] 李爽，付丽 . 国内高校 BOPPPS 教学模式发展研究综述［J］. 林区教学，2020（2）：19-22.

[5] 勾英 . 基于 BOPPPS 模型的 O2O 混合教学模式在思政课中的应用研究［J］. 现代职业教育·高职高专，2019（11）.

（田爱玲，武汉传媒学院马克思主义学院讲师）

北京冬奥精神融入思想道德与法治课教学路径探析

◎张祥贝

摘　要：北京冬奥精神是新时代中国精神的崭新内容，是广大参与者在新时代特定背景下共同创造的宝贵精神财富。作为高校思想道德与法治课（以下简称“德法课”）教师，我们应准确理解北京冬奥精神的深刻内涵，深挖其中所蕴含的丰富而厚重的思想政治教育资源，从爱国主义教育、文化传承教育、理想信念教育、创新实践教育和大局观教育等方面，找到北京冬奥精神与德法课教学的内容契合点，优化教学目标，完善教学内容，创新教学方法，改进教学评价，探析北京冬奥精神融入德法课教学的实现路径，促进北京冬奥精神传承与德法课教学发展同向同行，提高德法课教学实效。

关键词：北京冬奥精神；思想道德与法治；课程教学

习近平总书记在冬奥会、冬残奥会总结表彰大会上明确指出，北京冬奥精神就是“胸怀大局、自信开放、迎难而上、追求卓越、共创未来”①。北京冬奥精神是新时代中国精神的集中体现，是奥林匹克精神的时代表达，是共建人类命运共同体的中国宣扬，砥砺了奋斗精神，凝聚了前行力量，促进了和平发展，具有高度的思想性、政治性、引领性和宝贵的育人价值。思想道德与法治课作为培养大学生思想道德素质与法治素养的高校思想政治理论课，对大学生的信念引领、价值导向、精神提振、品格激励至关重要。将北京冬奥精神融入德法课教学，既是丰富高校思想政治理论课内容的现实吁求，也是促进新时代大学生全面发展的现实需要。

一、北京冬奥精神的深刻内涵

“胸怀大局”彰显了中华健儿心系祖国、志存高远的家国情怀。中国奥运健儿满怀

① 习近平．在北京冬奥会冬残奥会总结表彰大会上的讲话[N]. 人民日报，2022-04-09（01）.

爱国之情，笃行报国之志，将为国争光的信念与使命化为奋进力量，以高度的思想站位在奥运舞台上踔厉拼搏，创造了冬奥会总奖牌数世界第三、冬残奥会总奖牌数世界第一的喜人成绩，金牌数和奖牌数均创历史新高。中国体育代表团将每一次超越、每一块奖牌作为对党和人民的庄重答复，将体育梦和中国梦紧密结合，诠释了将国家利益置于首位的家国情怀。

“自信开放”呈现了中华儿女自信自立、开放包容的风采魅力。一方面，在这次世界体育盛会上，中国人民秉持“来了都是客”的观念，充分展示出作为东道主的真诚与热情。志愿者们用充满活力的形象、专业敬业的态度、细致周到的服务，打造出亮眼的中国名片，向世界展现出热情好客、真诚友善的中国风采。另一方面，冰墩墩、雪容融风靡全球，充分体现了中华文化的创造性转化与创新性发展的巨大成效，向世界人民传达了中华文化的巨大魅力，进一步提振了全体中国人民的民族自豪感，增强了“四个自信”，让世界看到一个精神昂扬、从容自信的中国。

“迎难而上”体现了中国人民百折不挠、坚韧不拔的民族精神。北京冬奥会、冬残奥会正处于“两个一百年”奋斗目标交汇的历史时期。在世界百年未有之大变局叠加新冠肺炎世纪疫情背景下举办冬奥会、冬残奥会，所面临的风险挑战前所未有。面对严峻的挑战，全体中国人民在党中央的坚强领导下，充分发挥社会主义制度集中力量办大事的优势，迎难而上，勇敢作为，克服疫情等各种挑战，创造出安全舒适的比赛环境，保障了各方人员的健康和安全，凸显了中华民族百折不挠、坚韧不拔的民族特质。

“追求卓越”展示了中华儿女执着专注、一丝不苟的昂扬面貌。自 2015 年成功申奥至 2022 年圆满结束，冬奥会、冬残奥会饱含着党和人民七年来艰苦卓绝的努力。“北京 2022 年冬奥会是新冠肺炎疫情发生以来全球首个如期举办的综合性体育盛会，共有 91 个国家和地区近 3000 名运动员参赛。中国交出了防疫和办赛的双重完美答卷。在全球抗疫的艰难时刻，中国以冬奥之名，为奥林匹克运动的发展再次提供中国方案，为构建人类命运共同体再次贡献中国力量。”①

“共创未来”诠释了协调联动、紧密携手的庄重承诺。“共创未来”与“一起向未来”的主题口号以及“更团结”的奥林匹克精神同频共振。在经济全球化高速发展的今天，世界各国已然成为唇齿相依、休戚与共的命运共同体。在风云诡谲的经济形势下，面对重大突发事件，没有哪个国家能够独善其身。“共创未来”是中国作为负责任大国向国际社会作出的庄严承诺，是中国人民愿意与世界各国人民一起构筑美好地球

① 北京 2022 年冬奥会闭幕 中国交出防疫和办赛双重完美答卷[EB/OL].（2022-02-21）[2023-03-26]. https：//m.yangtse.com/wap/news/1970654.html.

村的热情邀约，是实现人类命运共同体的关键步骤，是世界各国人民心声的集中表达。

二、北京冬奥精神融入德法课教学的内容解析

北京冬奥精神不仅为奥林匹克精神注入了新的时代内涵，也为实现中华民族伟大复兴的中国梦提供了不竭的精神动力，是具有中国风格、中国特色、中国气派的崭新精神，与德法课的教学宗旨有着高度耦合性。

（一）在爱国主义教育中培育“胸怀大局”的家国情怀

在筹办、举办冬奥会的过程中，中国奥运健儿以为国争光为己任，不断刷新历史成绩；人民解放军、消防官兵、武警部队忠诚守责，筑牢安全防线；广大港澳同胞、华人华侨热情关注，积极宣传；文艺工作者精心创作，深情融入；青年志愿者热情洋溢，辛勤付出；人民群众积极参与，全力配合。全部参与者都将小我融入大我，以高度的大局意识和强烈的使命担当投身奥运实践，形成巨大合力，创造出令世界瞩目的北京冬奥精神。在德法课上，我们将“胸怀大局”的家国情怀与教材中第一章第三节“创造有意义的人生”的内容相结合，引导大学生正确看待人生价值，学习冬奥参与者“以为国争光为己任”的高尚人生追求，自觉做到将个体发展“小我”融入民族复兴“大我”，将青春的汗水挥洒在祖国需要的地方，成就精彩的人生。

（二）在文化传承教育中培育“自信开放”的文化底气

从冬奥吉祥物到冬奥体育图标，从赛场上的中式古典配乐到颁奖礼服上的瑞雪祥云，从开幕式到闭幕式，冬奥会上所有的设计细节都充分融入了中华优秀传统文化，将拥有五千年历史积淀的中华文化与新的时代内容巧妙结合，彰显出中华优秀传统文化的博大精深同时又与时俱进的突出特征，展示出中华民族前所未有的文化自信和文化底气。在德法课上，我们将“自信开放”的文化底气与教材中第三章第二节“做新时代忠诚的爱国者”的内容相结合，引导大学生不断增强文化自信，带领大学生感受冬奥会赛场上中华优秀传统文化的巨大魅力，提升文化认同感，发挥专业本领，鼓励自觉投身到中华优秀传统文化传承与弘扬的行动之中，努力开辟中华优秀传统文化海外传播的创新路径。

（三）在理想信念教育中培育“迎难而上”的顽强品格

北京冬奥会、冬残奥会正处于“两个一百年”奋斗目标交汇的历史时期。在世界百年未有之大变局叠加新冠肺炎世纪疫情背景下举办冬奥会、冬残奥会，党和全国各族人民毫不退缩，迎难而上，没有条件创造条件，在筹备工作受疫情阻碍的情况下，依旧保障三个主赛区的场馆均提前一年完工，全体赛会人员以“明知山有虎，偏向虎山行”的勇气和“不达目的誓不罢休”的干劲，为全世界人民呈现了一场精彩绝伦的体育盛会。在德法课上，我们将“迎难而上”的顽强品格与教材中第二章第三节“在实现中国梦的实践中放飞青春梦想”的内容相结合，引导大学生深刻理解冬奥赛会人员纵使历尽千辛万苦也要排除万难去实现既定目标的坚强意志，培养大学生敢于吃苦、甘于奋斗的顽强品格，在思想上绷紧纪律之弦，在学习上刻苦钻研，在工作上兢兢业业，在生活上勤俭朴素，为实现个人理想以及中华民族伟大复兴的崇高理想而砥砺奋斗。

（四）在创新实践教育中培养“追求卓越”的精神意志

从场馆建设嵌入“数字孪生操作系统”到赛事转播开创“云上奥运”，从“飞豹”超高速摄像机到百分百纯绿色电力赛道，冬奥会场内场外科技创新无处不在。在创新技术的加持下，冰雪项目更具有观赏性、吸引力和感染力，科技创新已然成为本届冬奥会一张闪亮的名片，向全世界人民展示了中国的科技实力和创新水平。在德法课上，我们将“追求卓越”的精神意志与教材中第三章第三节“让改革创新成为青春远航的动力”的内容相结合，向大学生展现冬奥会中科学技术与体育赛事结合的“创新之美”，引导大学生扎实学习专业知识，提升大学生“干一行精一行”的职业意识，奠定创新思想基础，激发创新潜能，鼓励大学生积极投身创新实践，努力成长为社会所需的创新型人才。

（五）在大局观教育中培养“共创未来”的战略眼光

“更团结”和“一起向未来”创新诠释了奥林匹克精神的时代内涵，充分表达了北京冬奥会友好热情、包容团结的主题，展现出中国人民“和衷共济，天下一家”的家国情怀，高度符合人类社会未来发展之需，引发国际社会高度的情感共鸣。双奥会的成功举办更是印证了在人类社会命运与共的格局下，“团结合作”才是推动各国发展的制胜法宝，“共创未来”才是构建人类命运共同体的强大助力。在德法课上，我们将

“共创未来”的战略眼光与教材中第一章第一节“人生观是对人生的总看法”的内容相结合，以冬奥会传递的和平、发展、公平、正义、民主的全人类共同价值观为基础，充分讲解社会主义核心价值观与全人类共同价值观在核心要义上的同频共振，提高大学生看待国际社会发展趋势的战略高度，培养大学生构建人类命运共同体的自觉意识。

三、北京冬奥精神融入德法课教学的路径探析

北京冬奥精神是全党全国人民在向第二个百年奋斗目标迈进的关键时期，在接续奋斗、克服万难、圆满完成办奥任务的实践中淬炼而生的。它不仅丰富了奥林匹克精神的时代内容，彰显了新时代中国的精神面貌，也为实现第二个百年奋斗目标提供了精神动力，为新时代大学生全面发展做出了重要的精神哺育。将北京冬奥精神融入德法课教学，我们要从教学四要素着手，提升德法课教学实效。

（一）优化教学目标

德法课作为大学生接触的第一门思政理论课，其教学目标的设置犹如扣第一颗纽扣，不仅关乎后续思政理论课的教学目标衔接，还影响到大学生学习思政理论课的思维逻辑连贯。为此我们应充分挖掘北京冬奥精神中蕴含的丰富思政功能，推动德法课优化教学目标。第一，在知识目标优化上，我们要引导大学生准确把握北京冬奥精神中展现出的人类命运共同体的深刻内涵，深刻理解北京作为全球首个“双奥”之城的特殊含义，帮助大学生正确认识新时代的伟大变革，正确认识当前我国所处的历史方位，正确认识当前人类社会发展大势，正确认识作为新时代青年所肩负的历史重任。第二，在能力目标优化上，以北京冬奥会中的团结合作为基础，大力弘扬集体主义精神，加强大学生对集体主义的认同；充分讲解冬奥会筹备过程中所体现的社会主义制度集中力量办大事的优势，加强大学生对社会主义的理论认同和自觉践行，树立“四个自信”，不断提高大学生的思想道德素养。第三，在情感目标优化上，以奥运健儿在冬奥赛场上为国争光的拼搏精神为榜样，鼓励大学生认清时代赋予自身的使命，立大志、明大德、成大才、担大任，为社会发展、国家繁荣、民族复兴贡献青春力量。

（二）完善教学内容

德法课的教学内容按照知识板块可分为思想政治教育、道德教育和法治教育，按

照教材章节设置可依次细分为人生观、理想观、精神观、价值观、道德观与法治观，是一门针对大学生在成长成才过程中遇到的实际问题而设立的学科，具有高度现实指导意义。将北京冬奥精神中所展现的英雄人物、生动案例、精神特质巧妙融入德法课的教学内容中，可以提高德法课的教学实效性。具体到教学内容上，在第一章人生观的教学中，教师可以讲解运动员在备战过程中遇到的困难挫折和所具有的不屈不挠的顽强意志，让大学生领悟人生有得也有失、有崎岖也有坦途的真谛，树立正确的人生观。在第二章理想观的教学中，教师可以列举以为国争光为己任的冬奥健儿，分析其理想信念与精神品格，从而让大学生领悟时代赋予自身的重任，为中国梦的实现注入青春能量。在第三章精神观的教学中，针对北京冬奥会将“更团结”作为新内容融入奥林匹克精神，教师可以讲解这一精神的重要性，诠释中华民族“以和为贵、同舟共济”的精神内涵。在第四章价值观的教学中，教师可以体育竞技中的集体协作为例，加强大学生对集体主义精神的认同，进而提高大学生对社会主义核心价值观的认同。在第五章道德观的教学中，充分诠释“一起向未来”的内涵以及其中所彰显的中国担当和天下道义，推动大学生对社会主义道德观的认同与践行。在第六章法治观的教学中，教师可以围绕冬奥会在法律法规的保驾护航下圆满落幕展开教学内容，增强大学生学法、遵法、守法、用法的积极性与主动性。

（三）创新教学方法

德法课作为一门集理论性与实践性于一体的学科，其学科特点要求课堂教学不断与时俱进，教学方法不断创新。要想将北京冬奥精神融入德法课教学，仅有对相关精神内涵的理论讲述是远远不够的，还需要紧密贴合思想政治规律和大学生成长成才规律，不断创新课堂教学方法和手段。首先，充分运用对分课堂。对分课堂是在传统课堂的基础上加强学生的参与度、在翻转课堂的基础上加强教师的指导度的一种新型教学模式。对分课堂打通了教师和学生的双向学习渠道，能保证北京冬奥精神融入德法课教学的实际效果。例如，教师在课堂上留出 15 分钟，让学生以小组为单位分享课前准备的“冬奥名人我来讲”的冬奥健儿故事，教师再根据故事中的内容，与教材知识点结合进行理论讲解，然后让学生以小组为单位分享课堂学习心得。其次，充分运用社会实践这个第二课堂。教师可以鼓励大学生积极参与多种多样的校外实践活动，如冬奥场馆游览、冰雪项目体验等，以及校内实践活动，如理论宣讲、征文写作等，帮助大学生更深刻地理解北京冬奥精神。最后，充分借助网络课堂，灵活应用学习通教学平台的各项功能，加强师生互动，帮助学生全方位、立体化地了解冬奥故事和冬奥精神。

（四）改进教学评价

教学评价具有监督、诊断、导向、激励的功能，对于学科建设来说十分重要。北京冬奥精神融入德法课教学需要改进传统教学评价体系，以此来增强融入效果。具体而言，就是确立以德法课教学目标为基点、以大学生全面发展为中心的教学评价体系，从思想道德素质、法治素养两个维度设置教学评价标准。一方面，注重考查大学生的思想道德素质。如对学生成绩的考核可以分为多个板块，除小组作业之外，还可设置个人作业板块，包括北京冬奥精神理论宣讲、北京冬奥精神海报制作、北京冬奥精神实地调研、北京冬奥精神微电影制作等都可以列入考核内容，以此激发大学生参与奥运的积极性，进而提升自身的思想道德素质。另一方面，注重考核大学生的法治素养。如在期末考试中设置相关的材料分析题："怎么从法律角度看待冬奥会？""法治如何为冬奥会保驾护航？"所设置的题目既要考核学生对北京冬奥精神内涵的学习情况，又要考核其北京冬奥精神的实践应用情况。

参考文献：

[1] 习近平 . 在北京冬奥会冬残奥会总结表彰大会上的讲话 [N]. 人民日报，2022-04-09（01）.
[2] 北京 2022 年冬奥会闭幕 中国交出防疫和办赛双重完美答卷 [EB/OL].（2022-02-21）[2023-03-26]. https：//m.yangtse.com/wap/news/1970654.html.

（张祥贝，武汉传媒学院教师）

高校思政课教学存在的问题及对策研究

◎王　雪

摘　要：高校立身之本，在于立德树人。思政课是落实立德树人根本任务的关键课程，其作用不可替代，思政课教师队伍责任重大。① 本文从高校思政课教学的价值意蕴出发，分析高校思政课教学中存在的主要问题，研究相应的对策，为高校思政课教学提供一定的参考。

关键词：高校思政课；教学问题；对策研究

思政课是落实立德树人根本任务的关键课程。新时代以来，习近平总书记站在党和国家发展战略全局的高度，多次强调办好思政课的重要意义。在新时代社会主义现代化国家建设、高等教育快速发展的背景下，教师不仅要传授知识，还要教导学生树立正确的世界观、人生观、价值观，因此，高校思政课教学研究对于更好地培养新时代接班人和建设者具有重要意义。

一、高校思政课教学的价值意蕴

高等学校思政课是大学生的必修课，是帮助大学生树立正确世界观、人生观、价值观的重要途径，体现了社会主义大学的本质要求。②

（一）高校思政课程的价值内涵

爱国主义是中华民族的一项优良传统，也是推动中国社会前进的重要精神支柱。作为当前大学生必修的一门思想政治理论课，“中国近代史纲要”也是对大学生进行爱

① 习近平：思政课是落实立德树人根本任务的关键课程[EB/OL].（2022-04-28）[2023-03-26].https：//mp.weixin.qq.com/s?__biz=MzIyODQzNzk2Mw==&mid=2247493515&idx=2&sn=c1fc8ef399e7f89002a67b48a4e4838c&chksm=e8535d2fdf24d439f437c3ae8348fb00ae0a142e35d4a16d283d446ff9c9dd81c614f6813799&scene=27.

② 十六大以来重要文献选编（中）[M].北京：中央文献出版社，2006：181.

国主义教育的载体。大学阶段是人生发展的重要阶段，“思想道德与法制”这门课程把道德与法律结合起来，有助于大学生形成良好的道德品质和法律素养。马克思主义是科学的世界观和方法论，为人类指明了实现自由和解放的道路，“马克思主义基本原理”这门课程的学习有助于大学生树立科学的世界观和方法论，提高自身的思想道德素质和把握方向、明辨是非的能力。学习“毛泽东思想和中国特色社会主义理论体系概论”这门课程，可以让大学生深刻认识中国共产党领导人民进行的革命、建设、改革的历史进程、历史变革、历史成就，充分体悟“中国共产党为什么能，中国特色社会主义为什么好，归根到底是马克思主义行，是中国化时代化的马克思主义行”。① 习近平新时代中国特色社会主义思想是新时代中国共产党的思想旗帜，是国家政治生活和社会生活的根本指针，是当代中国马克思主义、21 世纪马克思主义。② 习近平新时代中国特色社会主义思想既讲是什么、为什么，又讲怎么看、怎么办，既部署“过河”的任务，又指导解决“桥或船”的问题，生动体现了马克思主义世界观和方法论的统一。③ 学习“习近平新时代中国特色社会主义思想概论”这门课程，可以帮助大学生坚定四个自信，争做社会主义合格接班人。当今世界飞速发展，“两耳不闻窗外事，一心只读圣贤书”的时代已经过去，“形势与政策”这门课程讲述了国内政策和国际局势变化与调整，有助于大学生从客观角度去认知日益复杂的全球形势，拓宽国际视野，坚定走中国特色社会主义道路的信念。

（二）落实立德树人根本任务的内在需求

社会主义合格建设者和接班人必须拥有高尚的品德。立德树人是发展新时代中国特色社会主义教育事业的核心所在，“思政课作为落实立德树人根本任务的关键课程”④，对大学生具有重要的思想引领作用。首先，引领正确政治方向。我们党领导人民在革命、建设和改革时期创造的理论具有政治属性和育人功能，是思政课教学的宝贵资源。其次，坚定社会主义理想信念。2019 年，习近平总书记在学校思想政治理论课教师座谈会上指出：“思政课要解决学生理想信念问题。”我们党历来高度重视思政课建设，在革命、建设、改革各个历史时期，针对不同时期的思想建设问题，党对思

① 习近平 . 高举中国特色社会主义伟大旗帜 为全面建设社会主义现代化国家而团结奋斗——在中国共产党第二十次全国代表大会上的报告[M]. 北京：人民出版社，2022.

② 习近平新时代中国特色社会主义思想的理论特色[EB/OL].（2019-06-28）[2023-03-26]. https：//baijiahao.baidu.com/s?id=1637569436789859988&wfr=spider&for=pc.

③ 学好用好习近平新时代中国特色社会主义思想的世界观和方法论[EB/OL].（2023-01-17）[2023-03-26]. https：//baijiahao.baidu.com/s?id=1755248298571370364&wfr=spider&for=pc.

④ 教育部课题组 . 深入学习习近平关于教育的重要论述[M]. 北京：人民出版社，2019：21.

政课建设都作出过重要部署，这对学生树立远大理想、坚定理想信念具有重要作用。精彩有效的思政课能够给予大学生巨大的精神力量，使之越发坚定理想信念，越发朝气蓬勃。再次，树立正确价值观。大学生是祖国的未来，社会主义事业的建设者和接班人。当代大学生能否树立起正确的人生价值观，是关乎中国特色社会主义建设事业成败的大事。有研究表明，青年时期是人生价值观形成的重要时期。在这个经济全球化的时代，大学生容易受到一些不良思想与行为的负面影响。思政课的本质是价值观教育，即教育者用一定的思想观念、政治观念、道德规范，对大学生施加有目的、有价值、有计划的影响，使大学生的思想和行为符合一定社会发展的规范和要求。最后，坚定四个自信。四个自信是习近平新时代中国特色社会主义思想的重要内容，指的是道路自信、理论自信、制度自信和文化自信。把四个自信融入思政课理论教学，能够增强大学生对中国特色社会主义道路、中国特色社会主义理论、中国特色社会主义制度和中国特色社会主义文化的认同感，坚信在党的领导下人民群众生活质量不断提高，中国梦伟大事业能够顺利实现，进而坚定大学生的民族自信心和自豪感。

二、高校思政课教学存在的主要问题

尽管全国各高校早已广泛开设了思政课，且经过多年发展，取得了显著成就，但思政课的实效性并没有凸显，原因有很多，本文主要从社会转型期复杂社会环境带来新的挑战，思政课教学内容缺乏针对性，思政课教学重理论轻实践，思政课教师数量不够、教学水平存在差异，大学生不能正确对待思政课这几个方面对存在的问题进行剖析。

（一）社会转型期复杂社会环境带来新的挑战

世界正处于百年未有之大变局中，随着经济全球化、思想多元化、信息多样化的不断推进，意识形态斗争更加激烈。在当今这样一个多元价值并存的时代，伴随着网络成长起来的大学生具有思想观念的易变性和思想情绪的波动性等特点，容易接受外来价值观念，同时也容易被错误思想所左右，进而动摇社会主义理想信念，甚至迷失方向，步入歧途。面对社会转型期这种复杂的状况，教师如何更好地利用思政课加强大学生理想信念教育，坚定走中国特色社会主义道路信心，增强思政教学的实效性，是一个重大挑战。

（二）思政课教学内容缺乏针对性

高校思政课教学内容相对比较固定，政治性和理论性较强，一般情况下，不会根据学生的特点设置教学内容，所以，缺乏针对性成为思政课教学的一个普遍难题，导致学生学习效果差，影响对马克思主义理论的接受和认同。思政课教学内容缺乏针对性主要表现在三个方面：首先，教师授课内容针对性不强。思政教师在课堂上往往照本宣科、泛泛而谈，教学内容不具体，与学生的实际生活不相关，所学到的知识不能得到具体运用，使得一些大学生产生了“思政课无用论”的错误想法。其次，脱离学生实际进行教学。教育必须遵守循序渐进、因材施教的原则，思政课教学也应当如此。目前来看，思政课针对大一的学生应该受到什么样的思想政治教育，大二和大三的学生应该学什么思政课，大四毕业生的思想政治理论水平需要达到什么样的高度，一般没有具体规定。再比如，部分教师不关注学情，不了解学生对知识的掌握程度，不能根据学生的实际情况进行教学设计，只是单纯注重知识讲授，思政课对学生的吸引力自然而然就会减弱。最后，教学方式单一。部分教师传授知识以“灌输”为主，不注重改进教学方法，忽视学生在课堂上的主体地位，和学生互动较少或互动效果差，导致课堂上“低头族”现象越来越严重。

（三）思政课教学重理论轻实践

“理论和实践相结合是马克思主义的基本原则，也是我们党的优良作风。贯彻理论和实践相结合的原则，对坚持党的思想路线、建设有中国特色的社会主义具有重大意义。”[①] 当前，高校思政课教学内容的理论性与实践性相互脱节已成为教学过程中存在的突出问题，部分高校忽视了实践教学的教育意义，存在重理论轻实践、理论与实践关联度不足、理论无法回应实践等问题。[②] 思政课教学多拘泥于课堂理论学习而忽视了实践教学，导致学生虽然记住了一些理论知识，但不会在现实生活中举一反三运用，无法起到理论教学的延伸和深化的效果。

（四）思政课教师数量不够、教学水平存在差异

近些年，尽管高校思政课教师的数量在不断增加，但一些学校领导认为，思政课与学校建设、学校未来的发展及招生就业等关系不大，也不能起到立竿见影的效果，

---

① 理论和实践相结合是马克思主义的基本原则[J]. 中学政治课教学，1984（3）.

② 蔡文成，张艳艳 . 高校思想政治理论课实践教学的逻辑关系辨析[J]. 思想理论教育，2021（7）：66-71.

因此，对思政课教师不够重视，新教师注入不足，思政课教师队伍缺口很大。此外，部分教师缺乏对思想政治理论精髓的把握，分析问题不透彻，缺乏深度，不能正面引导学生，教学存在一定的随意性，工作态度不够端正，责任意识较差，教学方式方法枯燥、单一，这些都会影响思政教学的实际效果。总体来看，思政教师的综合素质仍有待提高。

（五）大学生不能正确对待思政课

近年来，随着国家对思政教育的重视不断提高，我国高校思政课的教学质量有了显著提升，与之相应，大学生对思政课的满意度也越来越高。但是，这其中也不乏一些问题。一方面，大学生对思政课的兴趣不足。一些大学生受到实用主义的影响，认为思政课是无用的，既不能带来收益，又不能帮助自己找到好的工作，学习思政课的兴趣不高，对思政课的学习没有像对专业课的学习那样认真用心。另一方面，大学生对思政课的教学目标认识模糊，不能清醒地认识到学习思政课的真正意义。

三、高校思政课教学对策研究

思政课是落实立德树人根本任务的关键课程。办好思政课，是习近平总书记非常关心的一件事，他在学校思政课教师座谈会、全国高校思想政治工作等会议上多次强调思政课育人的重要性。思政课教师应认真学习相关讲话精神，充分发挥思政课的文化育人功能。

（一）高校思政课教学遵循的原则

1. 坚持马克思主义中国化时代化的理论成果的指导

马克思主义始终是我们党和国家的指导思想，是认识世界和改造世界、把握规律和追求真理的强大思想武器，是办好新时代思政课的根基。[①]2019 年 3 月 18 日习近平总书记在学校思想政治理论课教师座谈会上指出，我们对思想政治工作高度重视，始终坚持马克思主义指导地位，大力推进中国特色社会主义学科体系建设，为思政课建设提供了根本保证。马克思主义是办好新时代思政课的根基，背离马克思主义，

---

① 欧阳辉．走近卡尔·马克思［M］．北京：人民出版社，2018：302.

思政课就会失去灵魂、走偏方向。新时代的思政课必须坚持马克思主义指导地位不动摇。①

2. 坚持问题导向

打造高水平思政课，坚持问题导向至关重要。坚持问题导向作为高校思政课改革创新的必然选择，可以破解思政课教学改革创新中的一切难题。坚持问题导向，要勇于发现和解决问题。思政课教学是一个不断发现问题并解决问题的过程，面对当今风起云涌的时代变革，思政教育立足问题、围绕学生，运用辩证唯物主义方法论及时解决现实问题。

（二）高校思政课教学的改进路径

1. 丰富思政课教学内容

学生是思政课教学中的主体，要想打造高质量思政课，教学内容必须与时俱进，关注学生，找准和对接学生的真实需求。只有适应青年学生成长和发展的需求，回应学生当下的人生困惑，为学生的生活、学习指明正确方向，才能真正实现思政课的教学目标，为国家培养出坚定不移听党话、跟党走的符合时代发展要求的合格建设者和接班人。一方面，思政课内容要与时俱进，新时代大学生经常关注国际国内发生的重大事件，热衷于追逐社会热点问题，思政教学可以利用学生的这一心理特点，把时政融入思政课教学中，使抽象的理论变得生动具体。另一方面，教师应关注学生的需求变化，引导学生辩证思考问题。在课堂上，教师要与学生积极互动，关注学生的需求，把握学生的心理变化，进而开展有针对性的教学活动，让学生对思政课教学内容理解更为透彻、感悟更为深刻。

2. 重视思政课实践教学

实践教学是课堂教学的必要组成、重要环节和有效延伸，以理论教学为基点展开的社会实践教学活动，反过来能够影响课堂教学，成为检验课堂教学效果的手段和依据，成为理论联系实际的重要环节。在实践教学过程中，需要注意两个方面：一是统筹协调实践教学环节各要素。在教学安排上，思政实践课堂要同社会实践结合起来；在教学内容上，注重内容的多样性、积极性和丰富性。二是确保实践教学内容形式的常学常新。当今社会，国内外形势日新月异，思政课实践教学的内容和形式必须与时俱进，跟上时代发展潮流，做到新旧结合，不仅要包含暑期下乡、志愿活动等传统实

---

① 刘爱玲．马克思主义是办好新时代思政课的根基[EB/OL].（2022-03-24）[2023-03-26].https：//export.shobserver.com/baijiahao/html/464754.html.

践教学形式，还要积极尝试和探索新媒体技术，增强实践教学的时代感和吸引力。

3. 强化思政课顶层设计

思想政治教育工作是一项长期的系统性、战略性工程，需要从顶层视角俯瞰思想政治教育工作，不然，很难认识它的整体形态和特征，对于其内部的构成和机理、所存在的问题也不能有准确的判断。做好思政课教学的顶层设计，必须坚持以下四点要求：一是提升思政课教师的综合素质。高校思政课教师是党和国家路线、方针、政策的宣讲者和阐释者，是对大学生开展思想政治教育的主体，是大学生成长的引路人。二是加强思想政治教育队伍建设。除了思政课教师外，学校党政领导干部、辅导员、组织员、共青团干部等也要参与到思想政治教育教学中，发挥带头作用，用实际行动影响学生。三是构建思政课教育支持系统。思政课面临社会认同度不高、协同育人保障机制不够等问题。此外，思政课教师承受着教学任务艰巨、科研繁重的双重压力，有针对性地开展教学不太容易，因此必须加快构建思政课教育支持系统。四是促进高校治理机制科学化。如构建第一课堂、第二课堂相结合的思想政治教育长效机制，在理论学习的同时注重实践教育。

4. 提高大学生对思政课的认识

大学是培养青年学生树立世界观、人生观、价值观的关键时期，这一时期正确的引导是关键，思政课承担的正是立德树人的根本任务。但是，一些大学生没有认识到思政课的重要性，认为思政课是公共课，短时间内不会对自己产生积极影响，因此，提高大学生对思政课的认识，促进其摆正学习态度是十分必要的。一方面，大学生作为学习主体，不论是学习专业课还是思政课，都应该认真对待，要充分认识到思政课的意义，从而塑造健全人格。另一方面，思政课教师应不断推进思政课的改革和创新，一旦发现学生的思想出现偏差，思政课教师就要及时对其进行正确的教育与引导。

参考文献

[1] 十六大以来重要文献选编（中）[M]. 北京：中央文献出版社，2006：181.

[2] 习近平. 高举中国特色社会主义伟大旗帜 为全面建设社会主义现代化国家而团结奋斗——在中国共产党第二十次全国代表大会上的报告[R]. 北京：人民出版社，2022.

[3] 教育部课题组. 深入学习习近平关于教育的重要论述[M]. 北京：人民出版社，2019：21.

[4] 刘爱娣. 新时代高校思政课教学加强革命文化教育研究[D]. 西安：陕西师范大学，2020.

[5] 蔡文成，张艳艳. 高校思想政治理论课实践教学的逻辑关系辨析[J]. 思想理论教育，2021（7）：66-71.

[6] 张冬梅. 民族地区高校思政课教师教学能力提升问题探究［J］. 赤峰学院学报（汉文哲学社会科学版），2022，43（9）：85-89.
[7] 欧阳辉. 走近卡尔·马克思［M］. 北京：人民出版社，2018：302.

（王雪，武汉传媒学院教师）

浅析民办高校课程思政元素的提炼途径

◎肖宏迤

摘 要： 新时代的教育方针明确指出高校人才培养的根本任务是“立德树人”，立德是高校教育的根本，课程思政是达到新时代育人要求的重要推进。民办高校在人才培养过程中，不仅要了解自身师资状况以及学生的特点，还需要广大教师提高思想站位，认识到课程思政的重要性和必要性，并通过多种途径挖掘和提炼思政元素，合理地与学科知识结构相融合，实现教育与育人二者的统一。

关键词： 课程思政；民办高校；思政元素

习近平在中国科学院第十九次院士大会、中国工程院第十四次院士大会上的讲话中指出：“牢固确立人才引领发展的战略地位，全面聚集人才，着力夯实创新发展人才基础。功以才成，业由才广。世界上一切事物中人是最可宝贵的，一切创新成果都是人做出来的。”①

一、教书育人与课程思政的内涵

人才培养本质上是教育活动，是特定的社会阶层按照一定的社会发展要求，有计划、有组织、有意识地对受教育者的身心施加影响，使其成为特定社会阶层延续和发展的人的过程。这一过程也体现了教育的目的。我国的教育目的始终强调我们所要培养的人才是符合无产阶级根本利益和社会主义方向的人。这也反映了我国的教育有鲜明的政治方向。2018 年 5 月，习近平总书记在北京大学师生座谈会上指出，“高校是立德树人，培育新时代人才的地方，育人和育才是一个相互辩证统一的存在，其人才

① 习近平：在中国科学院第十九次院士大会、中国工程院第十四次院士大会上的讲话[EB/OL].（2018-05-28）[2023-03-26].http：//cpc.people.com.cn/BIG5/n1/2018/0528/c64094-30019215.html.

培养的根本就是立德”[①]。同年9月，习总书记又在全国教育大会上提出，“要明确教育的根本问题，要不断提高学生的综合思想水平与道德品质等，要坚持将立德作为高校教育的根本，将立德与树人融合起来，不断渗透进高校建设和管理各领域、各链条、各阶段”。

课程思政并不是简单地减少课堂上专业知识内容的讲授，以思想政治教育的内容取而代之，而是应该提高思想站位，深入理解课程思政要求，重新对课堂价值引领、专业知识讲授、创新实践能力培养等多个维度进行建构。

二、课程思政与育人

2016年12月，习近平总书记在全国高校思想政治工作会议上特别强调，“课堂教学是实施思想政治教育的主渠道，广大教师要努力在课堂中提升思政教育的亲和力，有的放矢，符合学生的成长与美好期待诉求，所有课程都要守好一段渠、种好责任田，所有课程都有育人的功能”[②]。

首先，以坚持讲好一堂课为基本原则，教师作为课堂授课主体，为学生提供专业而优质的课堂内容，是做好课程思政的基本要求。在专业知识的讲授过程中，选择合适时机融入恰当的案例，在培养学生专业知识能力的同时引导学生树立正确的价值观念，以此达到课程思政“润物细无声”的效果。专业知识与思政元素的结合应当是有度的、契合的、自然的，倘若过于强调思政元素而忽略了专业知识，抑或将思政元素生硬地与知识结构进行融合，不仅失去了授课的意义，也不能达成课程育人的基本目标。

其次，教师在专业知识的讲授过程中，通过一定的教学手段，将枯燥而乏味的理论知识要点与生动的思政元素进行融合，一方面帮助学生把握知识结构中的重点和难点，另一方面结合思政元素引导学生去实践和运用。作为社会主义现代化建设的接班人，大学生理应对国家的发展方向有所了解并做出应有的贡献。

此外，课程思政本质上是对学生价值观的塑造、社会责任感的引导以及历史使命感的培养。古语有云：师者，所以传道授业解惑也。身为教师，不仅要具备良好的知

① 习近平．在北京大学师生座谈会上的讲话［N］．人民日报，2018-05-03.

② 张烁．习近平在全国高校思想政治工作会议上强调 把思想政治工作贯穿教育教学全过程 开创我国高等教育事业发展新局面［N］．人民日报，2016-12-09.

识传授能力，还要在思想认识上有更高的要求。授课与育人从来不是“两张皮”，而是相辅相成、相互促进的。只有统一思想，才能实现“立德树人”的根本任务。

三、民办高校学生和教师的特点

当代大学生是受互联网影响较大的一代，他们普遍自我管理能力不强，容易被外界环境所左右，而对于民办高校学生来说，他们的学习积极性和主动性更弱，学习态度不够端正，在学校内抱着得过且过心态的群体不在少数，谈及今后的规划或是人生长远打算更是感到茫然。

相较公办高校，民办高校由于发展时间较短、教学资源投入有限等因素，在师资上处于劣势地位，加之教师流动性强、年轻教师居多等实际情况，目前仅仅能完成授课任务，对于“大思政”观念，尚且认识不足。

四、思政元素提炼的途径

思政元素蕴含在社会生活中的方方面面，从国家政策方针到人文道德修养，如果教师能够进行深入的探究与梳理，提炼出育人所需的思政元素，并与课堂内容有机结合，将使学生得到专业技能与人生价值的双重提升。

（一）思政元素的来源与提炼原则

谈及课程思政的来源问题，这也是民办高校教师的认识薄弱环节，他们普遍认为思政元素仅仅来自思政课程教材，这就要求我们解放思想、开阔眼界，关注中国特色社会主义建设的方方面面。理解何为思政元素，这是做好思政元素挖掘的基础。《高等学校课程思政建设指导纲要》中明确指出：课程思政内容建设要紧紧围绕坚定学生理想信念，以爱党、爱国、爱社会主义、爱人民、爱集体为主线，围绕政治认同、家国情怀、文化素养、法制意识、道德修养等重点优化课程思政内容供给，系统进行中国特色社会主义和中国梦教育、社会主义核心价值观教育、法治教育、劳动教育、心理健康教育、中华优秀传统文化教育。[①]

教师作为教书育人实践活动的主要引导者，想要做好课程思政，首要的是解决如何挖掘课程思政元素问题，基于一致性原则，认真遴选合适的、恰当的、与专业授课知识契合度较高的思政元素。首先，要遵循实事求是的原则，可以从历史事件、历史人物或时事热点中提炼思政元素，切忌无中生有、凭空捏造。其次，思政元素一般具有碎片化、零散化的特点，在提炼思政元素时，应从学科知识的角度出发，挑选与授课内容相关的、能够促进学生课堂学习兴趣的、对学科知识理论或定理起正面支撑作用的，但凡脱离了专业知识谈思政，只会变成生搬硬套的空谈。最后，思政元素的使用要把握有效性，教师在进行教学设计时，对思政元素的分布、与专业知识的融合等均要考虑周全，发挥思政元素对学科知识的协同作用，确保在有限的课堂授课时间内，较为重点的思政元素都能够得到有效的传递。

由此可见，思政元素本质上是"理想信念"的传递，在学科知识体系中，一系列与"立德树人"这一根本要求相一致的资源都可纳入思政元素的范畴。

（二）思政元素提炼的基本途径

1. 紧跟国家教育方针，贯彻时代育人要求

党的十八大以来，以习近平同志为核心的党中央着眼于党和国家事业发展全局，从社会主义现代化建设和民族复兴战略高度，深刻回答了"为谁培养人、培养什么人、怎样培养人"等一系列重要问题，丰富和发展了党的教育方针。习近平总书记强调要"在党的坚强领导下，全面贯彻党的教育方针"，这为新时代党和国家教育事业发展指明了前进方向，提供了根本遵循。[②]2018年9月，习近平总书记在全国教育大会上强调，要努力构建德智体美劳全面培养的教育体系，形成更高水平的人才培养体系[③]，而后教育系统逐步形成"五育"并举的提法，并将其作为加快推进教育现代化、建设教育强国、办好人民满意的教育的重要指导理念。围绕"五育"的要素可以进行更进一步的提炼。德育是指对学生三观的培养，也是学生能否成为有信仰、有理想的新时代社会主义建设者和接班人的基础，与之对应的思政元素包括爱党、爱国、爱人民，以及坚

---

① 中华人民共和国教育部. 关于印发《高等学校课程思政建设指导纲要》的通知（教高〔2020〕3号）[EB/OL].（2020-05-28）[2023-03-26]. http：//www.gov.cn/zhengce/zhengceku/2020-06/06/content_5517606.htm.

② 朱国仁. 新时代全面贯彻党的教育方针[EB/OL].（2022-05-18）[2023-03-26].https：//m.gmw.cn/baijia/2022-05/18/35744105.html.

③ 习近平在全国教育大会上强调 坚持中国特色社会主义教育发展道路 培养德智体美劳全面发展的社会主义建设者和接班人[EB/OL].（2018-09-10）[2023-03-26]. http：//news.cctv.com/2018/09/10/ARTILsb0tyXScrmnKqoKe2Z3180910.shtml

定的意志、艰苦朴素的作风、吃苦耐劳的精神等中华民族优良传统。智育是指对学生科学文化知识与技能方法的传授，与之对应的思政元素包括历史唯物主义、辩证唯物主义、想象力与创造力等。体育是指训练学生的身体素质，强健体魄，与之对应的思政元素包括体育道德品质、卫生保健知识、关注身体与心理健康、养成良好的作息习惯等。美育是指培养学生的审美意识，善于发现、鉴赏、感受和创造美的能力，与之对应的思政元素包括审美价值观、美术鉴赏能力、艺术兴趣爱好与修养等。劳育是指劳动教育，通过劳动实践过程，提高学生的动手能力以及社会责任感，与之对应的思政元素包括基本的生存能力、专业知识应用能力、劳动创造思维等。以上列举的思政元素仅为参考，在实际的教学过程中可根据专业的不同有效选择。

2. 加强思想道德建设，把握核心价值观

党的十八大报告提出“倡导富强、民主、文明、和谐，倡导自由、平等、公正、法治，倡导爱国、敬业、诚信、友善，积极培育和践行社会主义核心价值观”①。当代大学生作为富有生命力和创造力的青年群体，价值观念的取向对其学业的发展、人生的规划都起到了至关重要的作用，从社会主义核心价值中提取思政元素符合新时代育人要求。本文从培养合格大学生的角度，列举了“爱国、敬业、平等、法治”四项核心价值观中所蕴含的思政元素。爱国，这是当代大学生必须具备的基本价值观念，其内涵可延展至爱国情怀、家乡建设、制度自信、文化自信、民族自信等方面，着重培育学生“心系祖国发展，投身民族复兴”的理想与信念，促使学生在校努力学习文化知识，提高将来报效祖国的热诚。民主，其内涵可延展至人民民主专政、人民代表大会制度、基层民主制度等，使学生进一步明确社会主义的民主是人民的民主，其实质和核心是人民当家做主，同时也进一步明确我党“立党为公、执政为民”的执政理念。平等，指的是价值取向的平等，是一个不断向平等发展的过程，其内涵可延展至法律平等、权利平等、文化平等、性别平等，让学生理解平等是一种社会价值，平等与平均不同，平均是计量单位数值的体现，而平等强调的是权利、机会与发展等。法治，依法治国是我国的基本国策，是保证公民的根本利益的制度保证，其内涵可延展至树立纪律观念、加强法律意识、了解法律法规等，结合大学生群体的特点，促使学生规范自身的言行举止、遇到问题积极寻求法律帮助、养成依法办事等良好的处事习惯，正确合理地维护自身权益。

3. 聚焦核心能力，促进学生全面发展

新时代育人的要求在学生个体的发展上集中体现为核心能力的提升与发展，这既

① 胡锦涛在中国共产党第十八次全国代表大会上的报告[EB/OL].（2012-11-12）[2023-03-26]. https：//www.12371.cn/2012/11/17/ARTI1-353154601465336.shtml.

是顺应时代发展的必然途径，也是做好“立德树人”教育工作的重要抓手。根据我国新时代的教育方针，以个体的全面发展为基本触发线，可对学生能力的发展进行多个层面的划分，其内涵可包括人文与科学、学习与生活、实践与创新。人文与科学层面可归纳为文化基础，在具体培养指标上可涵盖人文思想、人文知识、人本意识、尊严与价值、理性思维、思考与判断、勇于探索等。学科与生活层面可归纳为个体发展基础，在具体培养指标上可涵盖学习态度与方法、反思与总结能力、学习策略的调整能力、信息获取与甄别的能力、网络道德伦理、信息安全意识、生命价值的理解、自我心理平衡能力、抗压能力、自我管理能力等。实践与创新层面可归纳为社会服务层面，其内涵可涵盖劳动意识、劳动态度与习惯、善于发现问题、创意解决问题等。

总之，课程思政元素的提炼应遵循新时代的育人方针，顺应时代发展的趋势，运用各类信息化手段，以提升学生的核心能力为基础，不断创新性地将课程思政元素融入日常教学工作。

结语

“立德树人”是新时代人才培养的根本目标与要求，民办高校应以学生核心能力的培养为立足点，把握学生的特点，提高教师的政治站位，引导教师深入挖掘课程思政元素，恰如其分地将思政元素与授课融合，做到“盐溶于水”，将学科知识教育与思政育人有机结合。

参考文献：

［1］习近平．在北京大学师生座谈会上的讲话［N］．人民日报，2018-05-03.

［2］张烁．习近平在全国高校思想政治工作会议上强调 把思想政治工作贯穿教育教学全过程 开创我国高等教育事业发展新局面［N］．人民日报，2016-12-09.

［3］中华人民共和国教育部．关于印发《高等学校课程思政建设指导纲要》的通知（教高〔2020〕3 号）［EB/OL］．（2020-05-28）［2023-03-26］.http：//www.gov.cn/zhengce/zhengceku/2020-06/06/content_5517606.htm.

［4］胡锦涛在中国共产党第十八次全国代表大会上的报告［EB/OL］．（2012-11-12）［2023-03-26］．https：//www.12371.cn/2012/11/17/ARTI1-353154601465336.shtml.

（肖宏迤，武汉传媒学院教师）

思想政治教育研究

高校思想政治教育中英雄教育的四点建议

◎邓晓峰

摘　要：高校的思想政治教育应以马克思主义理论作为根本遵循，以马克思主义中国化的最新理论成果——习近平新时代中国特色社会主义思想为指导和主要内容进行英雄主义教育。同时应充分认识课堂主导性与学生主体性，加强英雄主义的理论阐释、历史研究、跨学科联动和叙事研究。

关键词：思想政治教育 英雄 英雄主义

高校思政课是落实立德树人的关键课程。对大学生进行思想政治教育应包括英雄主义教育，弘扬英雄精神既具有当代价值，也意在深远；既是民族复兴伟大事业的需求，也是培育社会主义先进文化，提升民族国家软实力的重要保障。思想政治教育工作必须以马克思主义理论作为根本遵循，以马克思主义中国化的最新理论成果——习近平新时代中国特色社会主义思想为指导和主要内容进行英雄主义教育。

马克思主义主张时势造英雄，人民群众是社会历史的主体，是历史的创造者。这是马克思主义的基本观点之一。在社会历史变革中，人民群众起决定性作用，推动着整个社会的变革和进步。英雄蕴含在人民群众之中，可以是整体的人民群众，也可以是人民群众中的一员。马克思在肯定人民群众的决定性作用的同时，也肯定了人民群众当中的英雄人物在社会历史发展过程中所起到的不可或缺的作用。

党的十八大以来，习近平总书记在多个场合讲述英雄事迹，致敬英雄精神。尤其是 2020 年之后（2020 年是英雄文化的一个重要时间节点），新冠疫情暴发和脱贫攻坚战取得全面胜利，经过这两场伟大战役的洗礼，英雄精神进一步得到升华，全社会的英雄认知水平都有了巨大进步。以习近平总书记为核心的党中央高度重视关于“英雄”的理论建设和实践探索工作，建立了从“民族英雄”、“群众英雄”到“时代英雄”的英雄谱系，阐释了“精忠报国”“百折不挠”“一往无前”的大无畏英雄气概，确立了“忠诚”“执着”“朴实”的新时代英雄鲜明品格，体现了深刻的人民性和群众性。习近平总书记关于英雄的重要论述以中国共产党英雄文化为理论基础，厚植于中华优秀传统英雄文化与实践之中，对马克思主义英雄观具有原创性贡献，也为广大高校思政课更好地开展英雄主义教育提供了重要的理论资源。

英雄主义教育作为思想文化的重要内容及研究对象，是对“时代之问”的有力回答，是对不断发展变化的社会现实——和平年代大背景下冷战与热战风险并存的现实关切，是引导社会正确认知的必然要求，更是正面对社会思潮中切实存在的精英主义、个人英雄主义、拜金主义的挑战与回应。从以上角度出发，针对当前高校思想政治教育中的英雄教育，本文提出以下几点建议：

一、强化英雄本体概念阐释，建设完备的英雄话语体系

目前，高校思想政治理论课讲授的英雄教育仅仅在“思想道德与法治”课程的“爱国主义与民族精神”主题中有一个段落提到了“反对历史虚无主义”，在“中国近现代史纲要”的“中国共产党的成立”这一知识点中提到了“中国共产党百年精神谱系”，在“马克思主义基本原理”中介绍了马克思主义的英雄观，由此可见，当前的思政教材体系将“英雄主义”视为“爱国主义教育”“国防教育”“马克思主义教育”“核心价值观教育”等思想政治教育主题中的一个元素。其叙事结构基本上是以领导人讲话为依据，并未在此基础上形成关于英雄主义的专题。由于本体框架和基本概念未能得到充分阐释而路径不清、效能不显，这样的结果往往是“盲人摸象”。一是对“英雄主义”的定义缺乏准确性，内涵空洞，概念容易被偷换，边界也因此变得模糊，这给人们认识英雄、学习英雄造成了困难，更存在被历史虚无主义利用的风险；二是“英雄主义”虚拟化，“英雄”成为文学艺术虚构中的想象性存在而非现实性存在。

新时代的英雄文化研究已初具规模，我们应强化英雄本体研究，建设完备的英雄文化话语体系，厘定“英雄主义”的准确内涵，筛选出符合英雄品质的核心要素，进而编制英雄量表，避免英雄文化被异化歪曲甚至恶意利用，树立正确的英雄观念。建设完备的英雄文化话语体系，在高校思想政治教育教学中，应充分融入英雄文化研究的最新的、重要的理论成果，进行系统的、多维度的理论构建。具体包括：一是英雄主义的历史与文化渊源；二是英雄主义、英雄精神的概念阐释；三是英雄精神的内涵嬗变；四是新时代英雄精神。

二、加强对中国共产党百年奋斗历程的英雄文化历史研究

四史学习是思想政治理论课的重要组成部分，其中蕴含着丰富的英雄文化资源。革命英雄主义、理想主义和实事求是精神，是中国共产党自成立以来就一以贯之的精神传统，在中国共产党引领中国人民革命、建设与发展的过程中充当了重要的精神支柱。习近平总书记强调，一百年来，中国共产党弘扬伟大建党精神，在长期奋斗中构建起中国共产党人的精神谱系。中国共产党人的精神谱系十分丰富浩瀚，在高校思想政治教育教学中，仅仅凝练其本质属性并加以介绍是不够的，在党史的研究学习过程中尤其应强化百年英雄文化的挖掘和历史研究。邹绍清指出，“百年来中国共产党构筑中国精神谱系的基本经验有：坚持以马克思主义的精神理论为指导构筑中国精神谱系；坚持在领导革命、建设和改革的伟大奋斗中构筑中国精神谱系；坚持在继承优秀传统文化、弘扬革命文化、建设先进文化的伟大实践中赓续中国精神谱系；坚持在伟大复兴进程中以涌现的英雄模范或优秀群体的先进事迹活化中国精神谱系；坚持在强化民族认同、国家认同与人类文化发展相统一的现实中书写中国精神谱系，不断推动中华民族传大复兴壮阔前进。”[①]在百年历史上，有两个重要的英雄文化繁盛期有：一是从抗日战争到抗美援朝，以维护民族尊严、祖国利益的战斗英雄为核心的革命英雄主义高潮；二是新时代中国特色社会主义时期，以平凡英雄为核心的人民英雄主义高潮。英雄主义在不同时期有不同的外在表现，但都凸显了共产党人的初心与使命，其精神内核是一致的。

一度，英雄文化遭到误解，受西方个人英雄主义和娱乐至上主义、解构主义等思潮的影响，中国的英雄文化被异化变形，英雄被解构戏谑，中国共产党的百年党史受到诋毁歪曲，更有甚者，英雄文化曾经被极端民族主义和民粹主义分子加以利用，以粉饰其法西斯的恐怖行为的实质。为了让人们对英雄有正确的认知，我们应加强对中国共产党百年奋斗历程的英雄文化历史研究。

---

① 邹绍清.论中国共产党构筑中国精神谱系的百年历程与基本经验[EB/OL].(2020-12-19)[2023-08-31].http://www.doc88.om/p-738499092032.html.

三、实现英雄文化研究和英雄教育的学科联动

英雄文化作为一种文化现象，广泛地存在于哲学、传播学、文学、教育学等各个领域，但在课程思政与思政课程融合学科之间并未形成有效联动。有鉴于此，我们应在充分挖掘英雄精神的基础上弘扬英雄文化，使英雄精神成为各个学科英雄文化研究的主旨。英雄文化在中国具有深厚的历史渊源，英雄概念自诞生之日起就蕴含着家国情怀、家国天下的意识。进入新时代，习近平总书记曾多次谈道：“伟大出自平凡，英雄来自人民。”“学习英雄事迹，弘扬英雄精神，就是要把非凡英雄精神体现在平凡工作岗位上，体现在对人民生命安全高度负责的责任意识上。”新时代英雄更多地摒弃了传统英雄的神性色彩，英雄更为人性化，同时把家国情怀这一抽象的情感和口号具象为日常生活中立足于平凡岗位尽职尽责的事迹，使英雄的内涵得以拓展并更加具体。冉雪说：“新时代英雄文化研究要建立在以人民英雄为中心的英雄叙事、英雄精神、英雄传承等问题上，结合各学科特色，使英雄文化研究迸发出更多活力，增添更多现实意义。”[①] 因此，英雄精神的充分厘定，英雄文化的系统阐释，为课程思政与思政课程实现融通提供了一种可能，拓展了课程思政资源，有利于不同学科之间的相互借鉴补充，对构建中国气派的学术体系、学科体系有十分重要的意义。

（四）讲好英雄故事，加强英雄叙事研究

在目前的英雄研究中，大多数的思政学科成果很少涉及具体人物和事件的英雄叙事。英雄模范人物、事迹往往囿于老生常谈。对英雄的内在精神品质的挖掘厘定，与加强英雄叙事研究、讲好英雄故事同等重要。英雄故事是英雄内在品质的具体化、形象化。深厚的内涵意蕴也是通过具体的人与事件所表现出来的。英雄叙事的核心不在于讲或者不讲，而在于怎么讲、如何讲。习近平总书记在中国文联十大、中国作协九大开幕式的重要讲话中指出，对中华民族的英雄，要心怀崇敬，浓墨重彩记录英雄、塑造英雄，让英雄在文艺作品中得到传扬，引导人民树立正确的历史观、民族观、国家观、文化观，绝不做亵渎祖先、亵渎经典、亵渎英雄的事情。[②]

① 冉雪．改革开放新时期以来文学领域英雄书写研究现状与思考［J］．西南大学学报（社会科学版），2021（6）：138-151.

② 文艺创作要有文化传统“打底子”［EB/OL］．（2020-07-08）［2023-03-26］．https://baijiahao.baidu.com/s?id=1671608507379984211&wfr=spider&for=pc.

讲好英雄故事，要深挖英雄素材，深入研究历史，塑造真实鲜活的英雄形象。英雄是有温度、有力量、真实的，不论是革命年代的救亡图存、不畏牺牲，还是中国特色社会主义新时代的脱贫攻坚、抗击疫情，英雄精神都转化为强大的现实力量，推动着社会的进步。如果缺乏英雄素材或是叙事不够鲜活，英雄教育则难以入脑入心，英雄文化更难以持续发酵。

讲好英雄故事，学术界对于英雄文化的主题研究须防止一味“务虚”“曲高和寡”，不仅要讲述好英雄精神、英雄气概和英雄主义等抽象概念，更应该讲好英雄故事，加强英雄叙事研究，并将其引入高校思政课程。

讲好英雄故事，要杜绝英雄超人化，摆脱高大全的“神性英雄”形象。单纯表现英雄的独特性、超越性，本身就是一种英雄形象的虚化。关于英雄的叙事，不仅要有崇高的信念、纯粹的情感和高远的理想，还必须充满时代关怀，以个性化、生活化、人性化的描写，让英雄角色更加立体，更具感召力。

参考文献：

[1] 中共中央关于党的百年奋斗重大成就和历史经验的决议 [N]. 人民日报，2021-11-17 (1).
[2] 习近平在全国脱贫攻坚总结表彰大会上的讲话 [N]. 人民日报，2021-02-26 (2).
[3] 习近平. 在党史学习教育动员大会上的讲话 [J]. 求是，2021 (7)：4-17.
[4] 韩云波，叶翔宇. 论新时代英雄文化研究的五个面向 [J]. 重庆社会科学，2020 (10)：122-140.
[5] 熊敏. 中国英雄文化研究 2021 年年度报告 [J]. 重庆文理学院学报（社会科学版），2022，41 (3)：102-116.
[6] 周晨. 新时代青年的英雄观：现状、特征及其影响因素 [J]. 探索，2020 (3)：179-192.
[7] 冉雪. 改革开放新时期以来文学领域英雄书写研究现状与思考 [J]. 西南大学学报（社会科学版），2021 (6)：138-151.
[8] 韩云波，张梦楠，熊敏. 论新时代以来“英雄主义”内涵的创新性发展与升华 [J]. 重庆社会科学，2022 (5)：16-34.
[9] 佘双好，王弢. 中国共产党精神谱系在青少年中的传承与弘扬 [J]. 青年探索，2021 (4)：62-69.

（邓晓峰，武汉传媒学院马克思主义学院教师）

弘扬伟大长征精神　筑牢理想信念根基

◎朱　雁　朱煊宇

摘　要：当见闻变成了听闻，传承就具有无比重要的意义。开展实践研学，让历史从“听闻”恢复到“见闻”，是提升思政课教师思想素质和教学能力的重要途径。长征是中国革命史上一个极其特殊的重要事件，不仅创造了人类历史上前所未有的奇迹，更谱写了气壮山河的精神史诗，铸就了光辉壮丽的长征精神。通过实践研学深入学习、感悟长征精神的内涵，筑牢理想信念根基，具有极其重要的意义。

关键词：长征；长征精神；理想信念

一、追寻的意义：穿越时空的相逢

在中国革命史上，长征是一个具有极其特殊意义的重要事件。1934 年秋，由于“左”倾机会主义的错误领导，红军第五次反“围剿”失败，红一、红二、红四方面军以及红 25 军 20 余万人不得不离开革命根据地，开始史无前例的战略大转移。在中国共产党的领导下，四路红军胸怀实现民族独立、人民解放的崇高理想，以一往无前的英雄气概、非凡的智慧勇气和钢铁般的意志，战胜强敌围追堵截、物资供给极度缺乏、自然环境极端恶劣等重重艰险，行程共达 65,000 余里，牺牲 10 万余人，其他损失 6 万余人，最终会师陕甘，挺近抗日前线，取得长征的伟大胜利。这场远征将一次战略退却成功地转变为向胜利的伟大进军，创造了人类历史上前所未有的奇迹，谱写了一首气壮山河、震烁寰宇的精神史诗，铸就了光辉壮丽的长征精神。

贵州是红军长征途经十几个省中活动范围最大、时间最久，同时也是发生重大事件最多的一个省份。特别是在湘江战役之后，以通道会议为序幕、会理会议为句号、遵义会议为代表的一系列会议，在一个生死存亡的危急关头挽救了党、挽救了红军、挽救了中国革命，留下了彪炳史册的一笔。全党全军从毛泽东坚持正确战略方针所取得的辉煌胜利，与王明、博古等推行的错误战略所造成的严重危害两相对比中，作出了历史选择，确立了以毛泽东同志为主要代表的马克思主义正确路线在党中央的领导地位，此后一路抢险飞渡、斩关夺隘，翻越雪山、涉过草地，突破了人类在自然界生存的极限，走向延安、走向抗日胜利、走向天安门，宣告中华人民共和国的诞生和一个新的伟大征程的开始。

作为长征精神最具代表性的见证地和承载地之一，贵州遍布的革命遗址、丰富的文献记录、无数的动人故事和红军走过的奇山秀水，将先辈的足迹与精神镌刻为这片红色大地上最瑰丽的传说和最永恒的传奇。而只有当你真正踏上这片土地，你可能才会有如此真切细腻的感触。在洁白的解放贵州英烈纪念碑前，在息烽集中营惨绝酷厉的地牢中，在遵义辉煌如瀑的阳光下，在刺破青天残阳如血的娄山关头，在苟坝碧空如洗白云舒卷的绿野之间，在茅台镇澄碧如血的赤水河畔……你会发自肺腑地领悟到，它们不仅仅是革命的遗迹、历史的见证，更是指引今天与未来的明灯，闪耀的是中华民族最英勇忠贞的儿女，那群最坚定无畏的理想主义者们永远追求真理、坚持真理、实践真理的光芒。

仰望他们看过的天空，感受他们脚下曾经的艰辛险峻，揣摩他们彼时彼地的思绪与心情，想象他们的苦痛、惆怅、狂喜、哀愁，拨开历史的云烟去触摸那些岁月深处如珍珠般散落的故事——和平盛世中舒适安逸的旅途，与那些生死绝境中的奔袭永不可同日而语，但是仍可以在无数个瞬间让我们恍惚，也许我们真的可以穿越这浩荡的时空与远去的他们再度相逢。也只有在这追寻的路途上，曾经书页上的文字、课本上的考点、影视里的影像，终于以无比庞大繁复的细节信息，在我们的视觉、听觉、嗅觉、触觉中苏醒，像那山边喷薄的云和路边妍丽的野花一样生动鲜活、触手可及。让历史从“见闻”变成“听闻”，传承就具有了无比重要的意义。而只有让历史从“听闻”恢复为“见闻”，才能让历史以一种血脉奔腾的姿态，与我们的记忆、认知和心灵建立起最紧密、最牢固的联系。而这，也许正是追寻的意义。

二、血与火的淬炼：一次理想信念的伟大远征

长征不是传统意义上的征程，也不是一个单纯的军事意义上的胜利。

如果我们回溯中国几千年的历史长河，可以发现有三次可以万里为计的大事件：万里长城、万里丝绸之路、万里长征——它们以其对中国文化、历史和精神领域的深远影响，在不同层面上构筑起中国文明发展史的坐标。在世界历史上，“以战略退却为

目的、脱离后方基地、没有后勤供给”的远征也有过几次，但无论从哪一个角度都远不能和红军的长征相比。正如史沫特莱在《伟大的道路》一书中所言，“长征是军事史上独一无二的事件”，与长征相比，汉尼拔跨越阿尔卑斯山黯然失色，拿破仑在莫斯科的撤退也是一场灾难性失败，“而长征则是最后胜利的前奏曲”。[①] 亦如索尔兹伯里所感叹的，“任何比拟都是不恰当的”，“长征是举世无双的”，“在我们这个世纪还没有什么其他事件能像长征一样让人如此神往，也没有什么事件像它一样如此深远地改变了世界的未来”。[②]

越是在历史的纵深中，人们越能领悟长征的伟大与意义——它是光明战胜黑暗的命运大搏斗，决定了中华民族历史和命运的走向；它是中国共产党走向成熟的开端，淬炼出一个独立自主、成熟稳定的党和领导核心，锻造出一批忠诚卓越的革命干部、一支所向披靡的王者之师；它是一个转危为安、转败为胜的奇迹，彻底打开了中国革命的新局面，最终拉开了中华民族伟大复兴的精彩序幕，重塑了整个世界的政治格局。

而在这场当时看来漫长无期的征途中，究竟是什么力量，支撑引领着中国共产党及其所带领的这支人民军队，明知路途艰险仍万死不辞、前仆后继，以无与伦比的智慧与勇气，从死地重生、从绝境逆袭，最终彻底改变了一个古老国家和民族的命运？这一部伟大人类史诗中所蕴含的精神密码、所交织出的人性的光芒华彩，比任何神话都更令人称奇，比任何颂歌都更让人感动，令当时和后世无数人惊叹好奇、神往不已。

埃德加·斯诺第一个将长征的故事讲述给世人所知，并在《红星照耀中国》中用溪水一般清澈的语言对红军在长征中所表现出的伟大精神品质作了生动的描述：“冒险、探索、发现、勇气和胆怯、胜利和狂喜、艰难困苦、英勇牺牲、忠心耿耿，这些千千万万青年人的经久不衰的热情、始终如一的希望、令人惊诧的革命乐观情绪，像一把烈焰，贯穿着这一切。”[③] 他感叹道，红军将士们不管是在人力、大自然还是上帝和死亡面前都绝不承认失败，“这一切以及还有更多的东西，都体现在现代史上无与伦比的一次远征的历史中了。”他热烈地赞颂，“使他们成为不可征服的那种精神，那种力量，那种欲望，那种热情，是人类历史本身的丰富而灿烂的精华”[④]。

张闻天则给出了共产党人自己的答案：“为什么二万五千里长征能够有这样伟大的影响呢？原因就在于这次长征中充分表现出了为自己的理想而牺牲、奋斗与坚持到底

① 史沫特莱．伟大的道路——朱德的生平和时代［M］．梅念，译．北京：生活·读书·新知三联书店，1979：28.
② 索尔兹伯里．长征——闻所未闻的故事［M］．朱晓宇，译．北京：北京联合出版公司，2015：1.
③ 斯诺．红星照耀中国［M］．董乐山，译．北京：人民文学出版社，2016：184.
④ 斯诺．红星照耀中国［M］．董乐山，译．北京：人民文学出版社，2016：8.

的精神。没有这种精神，就是一千里长征也是不可能的。”“在长征中，我们曾经遇到了无数困难，许多困难几乎是不能克服的。然而我们只有一个思想，就是无论如何都要克服这些困难，要为自己的理想奋斗到底。”① 这个理想就是实现民族独立和人民解放，就是为实现共产主义远大目标而奋斗终生。这是长征精神的核心所在，是红军不畏艰险、勇往直前的精神支柱和不屈不挠、战无不胜的动力源泉。

正是由于这个远大理想和革命信念始终坚定、始终火热，党才能带领红军在敌我力量对比悬殊、处境极其艰险的情况下，以“刺破青天锷未残”的气势，以“献身甘作万矢的”的精神，突破国民党军的围追堵截和军阀势力的重重封锁；才能面对自然环境的极端恶劣和伤残病痛的煎熬折磨，以“风雨侵衣骨更硬”的气魄，以“野菜充饥志越坚”的斗志，跨越激流征服雪山穿过草地，经受住超越人类生理极限的磨炼；才能面对敌人威胁和党内错误思想的斗争较量，打破教条主义的束缚，坚持实事求是的思想路线，探索出符合中国国情的斗争方式和革命道路。长征以其超越世人想象的苦难曲折、残酷斗争和生死考验，检验并向世人证明了中国共产党人坚不可摧的理想信念；同时，长征本身也成为一个革命的烈焰熔炉，将所有经过长征洗礼保存下来的红军将士百炼成钢，使他们成为伟大抗日民族战争以及解放战争的中流砥柱，成为中国共产党和人民军队的精神栋梁。

习近平总书记在纪念红军长征胜利 80 周年大会上的讲话中指出：“长征是一次理想信念的伟大远征。”长征的胜利，是我们党带领红军将士追求伟大理想信念的胜利。长征精神的实质，就是中国共产党运用马克思主义构建了一个既扎根于又跳脱于自己的历史，既学习西方又与西方迥然相异的精神世界，让每一个经受长征考验的人都筑立起坚定的政治信仰，从而超越自我、超越极限、超越死亡，并以其磅礴的精神力量，激励着一个伟大的民族朝着一个无人可以预言、无人可以逆转的未来前进。牢记伟大长征精神，学习伟大长征精神，弘扬伟大长征精神，是我们党、我们国家、我们民族不断走向未来的强大精神动力。

三、筑牢理想信念根基，奔赴新时代的伟大征程

一代人有一代人的使命，一代人有一代人的征程。今天，百年未有之大变局风起

① 中国人民革命军事博物馆 . 读懂长征［M］. 南京：江苏人民出版社，2016：153.

云涌，“两个一百年”奋斗目标历史交汇，接过先辈的旗帜，赓续红色的血脉，全面建设社会主义现代化国家、实现中华民族伟大复兴，是我们这代人要接续跋涉的新的征途。各种新的重大风险考验和矛盾问题，与当年的艰险迥异又相似，却同样刻不容缓、艰辛漫长。我们比任何时候都更需要继承和弘扬长征精神，坚定理想信念，坚强革命意志，为夺取新长征的胜利而拼搏奋斗。

坚定理想信念，必须建基于对科学理论的理性认同。到底什么是理想？它一般是指人们在对现实进行理性批判的基础上，在社会实践中形成的对未来的向往和追求。什么是信念？它是指人们在对某种思想的进一步认识中融入自身的情感所形成的对该思想坚定不移的确证与信任。二者既要立足现实，又要超越现实，既具有层次性和个体性，又具有时代性和无限性。从本质上而言，理想信念表征着人们行为的目的。如契诃夫所说：“我们以人们的目的来判断人的活动。目的伟大，活动才可以说是伟大的。”理想信念只有扎根于对科学理论的理性认同，建基于对历史规律的正确认知，生长于对基本国情的准确把握，才能真正做到根深苗壮，继而坚定不移。长征的胜利，就是一种建基于科学理论的崇高理想信念能够成为力量和智慧的源泉、披荆斩棘的战旗利剑的明证。因此，我们所要坚定的“理想信念”，不是“理想”与“信念”的简单叠加，也不是个体的、低层次的愿望空想，而是合规律性与合目的性的统一，是从个体理想到社会整体理想的跃迁升华，是在个体和时代的有限性中把握无限性的“最高层次的理想和最高层次的信念的统一”，因此既要树立共产主义远大理想，又要坚定中国特色社会主义共同理想。一定要深入认识领悟马克思主义内涵的科学真理，深入理解把握马克思主义揭示的社会发展规律，坚定为最广大人民谋利益的价值立场，夯实理想信念的认知基础和理论根基。在对理论的深刻认知、运用践行中增强对科学理想信念的认同，坚定对马克思主义、共产主义的信仰，对中国特色社会主义的信念，对实现中华民族伟大复兴的信心，既是我们作为教育者自身要通过学思践悟不断深化的修炼，也是要贯穿于教育教学始终的红线。

坚定理想信念，必须将个人的前途命运与国家民族的前途命运紧密相连。强烈的责任意识和担当精神一直以来都是中华文明的基因，同时也是马克思主义的精神特质。中国共产党自成立之日起，就把对国家、对民族、对人民的责任扛在肩上，毅然担负起实现中华民族伟大复兴的历史使命。在长征中，正是以毛泽东为代表的中国共产党人和中国工农红军始终坚持把自身的命运与中华民族的命运联系在一起，把军事上的战略转移与政治上的战略转变联系在一起，把长征前进的大方向与建立抗日的前沿阵地联系在一起，才以长征的胜利点亮了革命的前途和抗日救亡的希望，最终改变了国家和民族的命运。正是这种个人与国家民族生死一体的深厚情怀、将个人前途命运与国家民族的前途命运紧紧相依的责任担当，最终引导中国革命、改革、建设不断走向一个又一个胜利。在新时代的征途上，从内心深处树立对党的信赖，以自身的坚定信仰、知行合一为榜样，带领青年树立远大的理想抱负，厚植家国情怀，脱离纯粹利己的、低级趣味的、非理性的、动物的生活，将精神生活超越于物质需求的满足而投身于一种更为广阔、宏大、崇高的目的与视野之中，引导青年涵养“革命理想高于天”的高尚品格，增强始终站稳人民立场的政治觉悟，激发为中华民族伟大复兴而奋斗的使命担当，激励青年把小我融入祖国和人民的大我之中，追求一种更有价值的人生，成为整个社会中最积极、最具有生气的力量，这是我们作为教育者的时代使命与重要担当。

坚定理想信念，必须牢记、学习、弘扬伟大长征精神。理想信念不是自然生成的，也不是一成不变的，而是一个在生命实践和价值追问中不断生成和内化自觉的过程。① 而情感的激发和认同，是个体进行生命实践和价值追问的重要催化剂。列宁指出，没有人的情感，就从来没有也不可能有人对真理的追求。纯粹理论的灌输和苍白空洞的说教，是难以激发个体情感的共振与认同的。伟大长征精神具有丰富的内涵、恢宏的境界、光辉的历程，是中国共产党人精神谱系的重要组成部分，是以爱国主义为核心的民族精神的最高体现，蕴藏着极为宝贵、丰富的思想政治教育资源，其中无数可歌可泣的英雄事迹彪炳史册、光耀千秋。思政课教师要做新时代的宣传队和播种机，深入挖掘伟人长征精神的内核要义和资源素材，创新教育教学方法，以真挚的情感、翔实的史料、生动的语言、鲜活的实践，讲好我们先辈的故事、长征的故事、党的故事、革命的故事、英雄的故事，激发青年对中国革命历史的心灵共鸣和情感认同，将至死不渝的理想信念、一往无前的英勇气概、独立自主的求实态度、顾全大局的团结作风、同人民群众生死一体的优良传统，播撒并扎根于青年的心田，与青年们一起，不忘昨天的苦难辉煌，无愧今天的使命担当，不负明天的伟大梦想，铭记先辈的牺牲与奋斗，赓续红色的血脉与精神，奔赴新时代的伟大征程。

参考文献：

［1］史沫特莱．伟大的道路——朱德的生平和时代［M］．梅念，译．北京：生活·读书·新知三联书店，1979.
［2］索尔兹伯里．长征——闻所未闻的故事［M］．朱晓宇，译．北京：北京联合出版公司，2015.

① 代玉启．新时代青年理想信念教育的境遇与理路创新［J］．思想政治教育研究，2022（5）：110-116.

［3］斯诺 . 红星照耀中国［M］. 董乐山，译 . 北京：人民文学出版社，2016.
［4］中国人民革命军事博物馆 . 读懂长征［M］. 南京：江苏人民出版社，2016.
［5］代玉启 . 新时代青年理想信念教育的境遇与理路创新［J］. 思想政治教育研究，2022（5）：110-116.

（朱雁，武汉传媒学院教师；朱煊宇，湖北省黄冈市英山县南河镇中心小学教师）

论"红扣子"的内涵及其对大学生思政工作的意义

——从"扣好人生的第一粒扣子"说起

◎张 红

内容提要：十八大以来，特别是进入新时代以后，习近平总书记一直非常关注学生群体特别是大学生的成长。习总书记围绕大学生成长这个问题，曾多次提出要"扣好人生的第一粒扣子"。这个形象的说法，其实是习近平总书记的德育思想，应当成为当今高校思政教育工作的指路明灯。本文试图通过对"扣好人生的第一粒扣子"的具体内涵进行细致的剖析，以及对社会各层面响应总书记的号召提出"红扣子"的观察，论述"红扣子"思想对新时代大学理解社会主义核心价值观的意义，以及包括日常化、具体化、形象化、生活化在内的多种操作要求。

关键词：习近平；第一粒扣子；红扣子

新时代以来，习近平总书记一直非常关注学生群体特别是大学生的成长，他曾多次明确提出要"扣好人生的第一粒扣子"，而后逐渐在党建层面、社会层面、学校层面以及家庭层面，形成"红扣子"教育工程。如吉林省教育厅发布《关于开展2022年中小学德育"红扣子"工程成果推荐工作的通知》，湖北省委宣传部党建案例《打造"红扣子"党建品牌 为青少年立心立魂立志》荣获全国第二届党建创新成果展示交流活动银奖等，都说明打造"红扣子"工程已经成为全社会的共识，成为践行习总书记"扣好人生的第一粒扣子"思想指示的具体工作路径。

习近平总书记围绕"扣好人生的第一粒扣子"的相关论述，集中体现在《习近平关于青少年和共青团工作论述摘编》①《社会主义核心价值观青少年读本》② 等著作中，不仅关乎未成年人价值观和思想道德建设，更关乎新时代高校学生思政工作。这是百年大计，是未来实现中国特色社会主义共同理想的思想基础，"红扣子"对当今大学生

① 中共中央文献研究室．习近平关于青少年和共青团工作论述摘编[M].北京：中央文献出版社，2017.

② 石国亮，莫忧．社会主义核心价值观青少年读本[M].北京：人民日报出版社，2014.

思政工作具有重大启示意义。下面围绕习近平总书记怎样提出“扣好人生的第一粒扣子”，大学生如何理解“红扣子”的内涵，以及“红扣子”对推进高校社会主义核心价值观生活化的意义等，作出具体分析和阐释。

一、习近平总书记怎样提出“扣好人生的第一粒扣子”

2014年5月4日，习近平总书记到北京大学考察，围绕自觉践行社会主义核心价值观与青年学生交流，勉励青年们说：“我为什么要对青年讲讲社会主义核心价值观这个问题？是因为青年的价值取向决定了未来整个社会的价值取向，而青年又处在价值观形成和确立的时期，抓好这一时期的价值观养成十分重要。这就像穿衣服扣扣子一样，如果第一粒扣子扣错了，剩余的扣子都会扣错。人生的扣子从一开始就要扣好。‘凿井者，起于三寸之坎，以就万仞之深。’青年要从现在做起、从自己做起，使社会主义核心价值观成为自己的基本遵循，并身体力行大力将其推广到全社会去。”① 当日，这篇题为“青年要自觉践行社会主义核心价值观—— 在北京大学师生座谈会上的讲话”被发表在《人民日报》上。这是习近平总书记第一次提及“人生的扣子从一开始就要扣好”。

2016年12月7日，习近平在全国高校思想政治工作会议上的讲话中也指出：“用社会主义核心价值观教育学生，引导他们扣好人生的第一粒扣子，是高校思想政治工作的使命所在。”② 这是习近平总书记明确将“扣好人生的第一粒扣子”的论述，从对北京大学青年学生的寄语，提升为全国高校思想政治工作的根本要求。

2016年12月12日，习近平总书记在会见第一届全国文明家庭代表时发表讲话，进一步指出：“广大家庭都要重言传、重身教，教知识、育品德，身体力行、耳濡目染，帮助孩子扣好人生的第一粒扣子，迈好人生的第一个台阶。要在家庭中培育和践行社会主义核心价值观，引导家庭成员特别是下一代热爱党、热爱祖国、热爱人民、热爱中华民族。”③ 这是习近平将“扣好人生的第一粒扣子”从高校思政工作上升到全社会的所有家庭，进一步提升了“扣好人生的第一粒扣子”相关表述的高度、拓宽了深度和广度。从此，“扣好人生的第一粒扣子”从学校到整个社会，广泛推广开来。社

① 习近平．青年要自觉践行社会主义核心价值观——在北京大学师生座谈会上的讲话［N］．人民日报，2014-05-04.

② 习近平．把思想政治工作贯穿教育教学全过程 开创我国高等教育事业发展新局面［N］．人民日报，2016-12-09.

③ 习近平．在会见第一届全国文明家庭代表时的讲话（2016年12月12日）［EB/OL］．（2016-12-15）［2023-03-26］.http：//www.81.cn/xue-xi/2016-12/15/content_9293096.htm.

会各个层面又根据红色基因的要求，结合习近平总书记的“扣好人生的第一粒扣子”相关论述，逐渐衍生出“红扣子”的表述。

在厘清习近平总书记“扣好人生的第一粒扣子”相关论述的发展演变历程后，我们还需要深入了解其具体内涵。从以上习近平总书记三次提到的“扣好人生的第一粒扣子”重要论述来看，无论是对于大学生还是中小学生来说，他都是围绕社会主义核心价值观提出的教育思想。也就是说，“扣好人生的第一粒扣子”是根植于社会主义核心价值观的一种形象表达。无论是“第一粒扣子”，还是“红扣子”，究其本质，都是弘扬社会主义核心价值观。社会主义核心价值观就是“第一粒扣子”“红扣子”的具体内涵。

习近平曾在《从小积极培育和践行社会主义核心价值观》①中多次提出，“要把社会主义核心价值观的基本内容和要求渗透到学校教育教学之中，体现在学校日常管理之中，做到进教材、进课堂、进头脑”。什么是“核心价值观”，习近平说“其实就是一种德，既是个人的德，也是一种大德，就是国家的德、社会的德。国无德不兴，人无德不立”。从这个意义上说，习近平的“扣好人生的第一粒扣子”，就是围绕宣传、推广社会主义核心价值观的德育，这是“第一粒扣子”和“红扣子”的内核。

二、大学生如何理解“红扣子”的内涵

党的十八大提出，倡导富强、民主、文明、和谐，倡导自由、平等、公正、法治，倡导爱国、敬业、诚信、友善，积极培育和践行社会主义核心价值观。富强、民主、文明、和谐是国家层面的价值目标，自由、平等、公正、法治是社会层面的价值取向，爱国、敬业、诚信、友善是公民个人层面的价值准则，这 24 个字是社会主义核心价值观的基本内容。可以说，具体阐释这 24 个字的内涵，将有助于我们理解社会主义核心价值观。但问题是，对于已经成年的具有一定专业素养的大学生而言，应该从哪些具体层面理解社会主义核心价值观，让他们从内心深处接受、认同“红扣子”，从而转化为完成高校思想政治工作的使命的力量源泉？高校培育大学生践行“红扣子”思想，并非完全属于“知识性”的教育，更是一种“人文教育”，本质上说，它是一种“培养什么人”的教育，以及在此基础上“怎样培养人、为谁培养人”的教育。这对于高

---

①《从小积极培育和践行社会主义核心价值观》是 2014 年 5 月 30 日习近平同志在北京市海淀区民族小学主持召开座谈会时的讲话。2022 年 6 月，被收录于习近平同志《论党的青年工作》一书中。

校的办学方向提出了一个关键性的问题。

除了社会主义核心价值观是“红扣子”思想的内核以外，下面结合《新时代爱国主义教育实施纲要》《关于实施中华优秀传统文化传承发展工程的意见》等中共中央、国务院发布的文件，具体论述大学生如何理解和践行根植于社会主义核心价值观的“红扣子”思想的另外两个层面的内涵。

《新时代爱国主义教育实施纲要》要求“围绕爱国主义教育、公民道德教育主题，推广展示一批精品项目，编写一批优秀作品并纳入思想政治工作文库，推动爱国主义教育进课堂、进教材。将弘扬爱国主义精神、加强道德养成作为思政课重要内容，以爱国主义故事、先进典型事迹等鲜活素材充实思政课案例库。深入挖掘和宣传国家功勋模范人物和先进典型的突出事迹，推动各类先进人物进入校园开展思想政治工作”①。这里提到的爱国主义教育、公民道德教育、先进典型事迹等，既是对一般公众的要求，也是对包括大学生在内的更高层次群体的要求。

十八大以来，习近平总书记特别重视传承优秀传统文化，多次指出“博大精深的中华优秀传统文化是我们在世界文化激荡中站稳脚跟的根基”②，中华优秀传统文化是中华民族的“根”，是中华民族的“魂”，是最深厚的文化软实力，是中国特色社会主义植根的沃土。要留住文化根脉，守住民族之魂，这是习近平总书记反复强调的重要理念。在这一思想指导下，中共中央办公厅、国务院办公厅印发了《关于实施中华优秀传统文化传承发展工程的意见》③。优秀传统文化是社会主义核心价值观的思想源泉，所以在许多关于社会主义核心价值观和爱国主义的论述里，都会提到传承发展优秀传统文化。换言之，弘扬优秀传统文化，也是践行社会主义核心价值观的题中应有之义，当代大学生群体理应成为弘扬优秀传统文化的主流群体。

以上对“红扣子”思想三个层面的论述，以社会主义核心价值观为基点，以弘扬爱国主义精神为重点，以传承和发展优秀传统文化为目标。从另一个方面来看，这三者又是三位一体的，习近平总书记曾就它们的关系做过重要论述：

2014 年 2 月 24 日，中共中央政治局就培育和弘扬社会主义核心价值观、弘扬中华传统美德进行第十三次集体学习。习近平强调指出，“弘扬社会主义核心价值观必须

---

① 新时代爱国主义教育实施纲要[M].北京：人民出版社，2019.

② 敬仰中华优秀传统文化（思想纵横）[EB/OL].(2022-07-07)[2023-03-26].https://baijiahao.baidu.com/s?id=1737658142865220231&wfr=spider&for=pc.

③ 中共中央办公厅 国务院办公厅印发《关于实施中华优秀传统文化传承发展工程的意见》[EB/OL].(2017-01-25)[2023-03-26].https://www.gov.cn/zhengce/2017-01/25/content_5163472.htm?eqid=be3bf1720000b2ed00000002645b5387.

立足中华优秀传统文化。牢固的核心价值观，都有其固有的根本。抛弃传统、丢掉根本，就等于割断了自己的精神命脉”。他还阐述了能为社会主义核心价值观提供滋养的中华民族优秀价值理念，指出要“大力弘扬以爱国主义为核心的民族精神和以改革创新为核心的时代精神，深入挖掘和阐发中华优秀传统文化讲仁爱、重民本、守诚信、崇正义、尚和合、求大同的时代价值，使中华优秀传统文化成为涵养社会主义核心价值观的重要源泉”①。这些论述明确强调，培育社会主义核心价值观，必须以传统文化为根基，要汲取传统文化精髓，实现与优秀传统文化的有效对接。

如果说“中国梦”反映的是习近平治国理政思想的精髓，那么，“红扣子”就是习近平以青少年为核心的公民成长层面的教育思想。当代大学生要把爱国主义和弘扬优秀传统文化紧密结合起来，积极践行社会主义核心价值观。

三、推进高校社会主义核心价值观生活化

在党的二十大报告中，习近平总书记明确指出：“教育是国之大计、党之大计。培养什么人、怎样培养人、为谁培养人是教育的根本问题。育人的根本在于立德。全面贯彻党的教育方针，落实立德树人根本任务，培养德智体美劳全面发展的社会主义建设者和接班人。”这是以习近平同志为核心的党中央对新时代教育事业的总体战略部署。习近平总书记同时指出，“一种价值观要真正发挥作用，必须融入社会生活，让人们在实践中感知它、领悟它，要注意把我们所提倡的与人们日常生活紧密联系起来，在落细、落小、落实上下功夫”。

大学的责任在于“立德树人”，只有筑“立德”之基，才能担“树人”之责。大学生是祖国的未来，在践行社会主义核心价值观的征程中充当着主力军、生力军、开路先锋。结合“红扣子”思想，高校思政教育正在以大学生践行社会主义核心价值观生活化为抓手积极开展工作：

第一，引导大学生群体充分认识“扣好人生的第一粒扣子”的重要内涵。它不仅是社会主义核心价值观的精神内核，更是一种具体的行为准则，同时也是大学生成长的内在驱动力。

①【听原文·悟原理】建设社会主义文化强国——培育和弘扬社会主义核心价值观（2014 年 2 月 24 日）[EB/OL].（2018-05-30）[2023-03-26].https：//mp.weixin.qq.com/s?__biz=MzA4OTYwNDYxNw==&mid=2650066917&idx=8&sn=def90ff6806b6127fc347ec07b8121a7&chksm=88183883bf6fb195bb20b3112208ba4af9ed8da88bdeb9c76ae576551f8749e338493e78b56d&scene=27.

第二，“红扣子”是有生命力的德育思想，不是干巴巴的道德说教。作为高校教师，应引导大学生自觉将其融入日常生活中，推进高校社会主义核心价值观生活化，将社会主义核心价值观内化于心、外化于行。

第三，培育大学生践行社会主义核心价值观，必须贴近生活，解决大学生日常生活中的实际困难。在此基础上，高校思政工作者应做好学生的学习服务、就业指导、心理疏导和思想引导等多方面的工作，“得人心、暖人心、稳人心”。

第四，积极弘扬优秀传统文化。脱离优秀传统文化的一切思想和行为都是无本之木、无源之水。习近平总书记明确指出：“中华文化源远流长，积淀着中华民族最深层的精神追求，代表着中华民族独特的精神标识，为中华民族生生不息、发展壮大提供了丰富滋养。”只有将优秀传统文化融入新时代，才能更好地发挥其引导、教育的作用。

第五，树立榜样意识。正如习近平总书记所指出的，“开展教书育人楷模、教师和大学生年度人物等评选表彰，发挥榜样群体的示范引领作用”①。这是引导大学生践行社会主义核心价值观的必然要求。

第六，大学生应逐渐从“要我做”转变为“我要做”，进而引导“别人做”，要认识到，“扣好人生的第一粒扣子”不仅是个人的事，同时也是全社会的事，要引导同学、老师乃至社会大众共同践行社会主义核心价值观。

参考文献：

[1] 中共中央文献研究室. 习近平关于青少年和共青团工作论述摘编［M］. 北京：中央文献出版社，2017.

[2] 石国亮，莫忧. 社会主义核心价值观青少年读本［M］. 北京：人民日报出版社，2014.

[3] 习近平. 青年要自觉践行社会主义核心价值观［N］. 人民日报，2014-05-04.

[4] 习近平. 把思想政治工作贯穿教育教学全过程　开创我国高等教育事业发展新局面［N］. 人民日报，2016-12-09.

[5] 新时代爱国主义教育实施纲要［M］. 北京：人民出版社，2019.

（张红，武汉传媒学院马克思主义学院教师）

① 习近平. 把思想政治工作贯穿教育教学全过程　开创我国高等教育事业发展新局面［N］. 人民日报，2016-12-09.

新媒体传播背景下高校思想政治教育方法创新研究

◎李光雯

摘　要：新媒体传播背景下高校思想政治教育的环境、内容、媒介等日新月异，教育方法也需因时而变，与时俱进，才能切实有效完成立德树人的根本任务。在互联网时代，海量生动的信息扑面而来，高校思想政治教育工作者的主导性不同程度上受到了削弱。大学生能高效便捷地从网络空间获取满足自身需求的各种各样的资源，不再是传统意义上的被动接受者。但网络空间的信息真假难辨、质量良莠不齐，作为新时代的高校大学生，他们普遍对信息的识别能力较弱，容易被不良思想诱导。因此我们亟须创新高校思想政治教育方法，深入了解、分析大学生在虚拟与现实空间的行为，精准掌握其思想发展动态，引导大学生树立正确的世界观、人生观和价值观，促进大学生健康成长。

关键词：新媒体传播；高校思想政治教育；思想政治教育方法创新

当今社会正处于互联网大发展、大繁荣的时代，各大媒体和用户都能成为信息的传播者和舆论的引导者。高校思想政治教育的环境、媒介、内容等均发生了较大的变化，教育者需依据新媒体传播所产生的影响，因势利导，精准施策，进一步创新高校思想政治教育方法，提高思想政治教育工作的有效性。习近平总书记在全国高校思想政治工作会议上的讲话指出，“做好高校思想政治工作，要因事而化、因时而进、因势而新。要运用新媒体新技术使工作活起来，推动思想政治工作传统优势同信息技术高度融合，增强时代感和吸引力”①。本文在总结传统思想政治教育方法的基础上，以新时期高校所处的新媒体环境为背景，以现代化技术和数据资源为依托，以高校思想政治教育活动为研究对象，结合传播学的相关理论分析高校思想政治教育活动过程中的各要素，提倡运用隐形教育方法，注重方法实施的技巧和艺术，激发受教育者的能动性，提高整体参与度，增强学生的获得感和满足感，推动新时代立德树人目标的顺利实现。

① 习近平在全国高校思想政治工作会议上的讲话[N].光明日报，2016-12-09.

一、新媒体传播与思想政治教育方法创新概述

新媒体的广泛应用给高校大学生思想政治教育工作的开展带来了机遇与挑战，思想政治教育工作者在抓住机遇、勇于创新的同时，也要充分认识开展新时代大学生思想政治工作所面临的挑战。新媒体传播呈现出话语体系的多元化、内容的多样化与碎片化、形式的立体化与个性化等特点，思想政治教育方法的创新必须要在遵循传统教育方法的基础上，融合新媒体和新技术的优势，才能增强高校思想政治工作的时代性和感染力。

（一）思想政治教育方法创新的含义

思想政治教育方法是客观的而且具有辩证性，需要与时俱进，不断地进行创新、发展变化，适应新时代的变迁和需要。“思想政治教育方法创新即思想政治教育工作者或组织机构针对思想政治教育环境、目标、内容等变化所引起的思想政治教育方法的不适性，在对思想政治教育规律深刻认识并灵活运用的基础上，及时改进原有教育方法或创造新的教育方法。”[①] 思想政治教育方法创新是一项系统工程，涉及思想政治教育方法创新主体、创新客体、创新目的、创新手段等，它们按照一定秩序、一定方式或一定比例组合而成，思想政治教育方法创新系统的性质和功能取决于组成系统的要素和这些要素的结构。

（二）新媒体传播的形成

新媒体传播为思想政治教育工作注入了源头活水，同时也提出了新的挑战。以往高校学生是通过阅读报刊、浏览各大网站等获取相关信息的，发表言论表达思想的机会较少。但是现在高校学生可通过微信、微博、知乎、微视频等获取、发布信息，积极参与热点讨论，学生由被动接受到自主选择感兴趣的事物进行探究，也可以在网络空间自由表达观点和意见，这不仅极大地提升了学生在信息传播中的主导权和自由度，同时也对高校思想政治教育工作的顺利开展形成了一定的冲击。

---

① 张毅翔．思想政治教育方法创新内涵系统性解析［J］．求实，2008（9）：84-86.

（三）新媒体传播的基本特征

“新媒体环境具有虚拟性、开放性、多样性、交互性、丰富性和便捷性等特点，新媒体的出现打破了思想政治教育的时间和空间限制，使大学生思想政治教育工作逐渐向复杂化、立体化和动态化发展。”① 高校思想政治教育工作者应根据新媒体传播的特点，深入认识大学生在网络空间中的行为，掌握其思想发展动态，创新高校思想政治教育方法，引导大学生的思想和意识朝着正确的方向发展。

二、新媒体传播与思想政治教育方法创新的关系

思想政治教育与传播学之间存在着内在的逻辑关系，究其本质，思想政治教育是一种特殊的传播活动。思想政治教育中的各个要素与传播中的环境、传播者、受众、传播方式、载体等都较为相似。随着互联网的发展，新媒体也成为高校思想政治教育方法创新的重要载体，推动着思想政治教育手段的革新。

（一）新媒体传播与思想政治教育方法创新的内在逻辑

思想政治教育传播研究是思想政治教育学的一门分支学科，张耀灿学者曾指出：“思想政治教育传播就是以思想政治教育活动为研究对象，运用新的学科方法来研究思想政治教育，是思想政治教育基础研究的分支学科。”② 思想政治教育与传播学之间存在着内在的逻辑关系。具体来看，思想政治教育中的思想政治教育工作者与传播学中的传播者是类似的，都是活动中的主导者，主要任务是通过传播一定的价值观和知识文化来营造良好的社会环境，对传播学的受众或是思想政治教育的受教育者产生积极的影响，使他们的思想和行为的发展符合社会发展的需要。思想政治教育的环境、方法、载体与传播学的环境、媒介等较为相似。在新媒体传播的背景下，高校思想政治教育活动的有效性受到了诸多挑战，受教育者可根据自己的兴趣爱好，自主选择或定制相关的信息，而不是以往被动地接收信息，从某种程度上来说，思想政治教育工作者的主导性受到了削弱。因此，在新媒体传播时代开展思想政治教育活动需要借助传播学的相关理论，创新思想政治教育的方法。

---

① 何从娜．新媒体环境下大学生思想政治教育的创新路径探析［J］．科教文汇（中旬刊），2019（6）：36-38.

② 张耀灿．思想政治教育学科理论体系发展创新探析［J］．学校党建与思想教育，2007（5）：7-10.

（二）新媒体是思想政治教育方法创新的重要载体

新媒体可成为高校开展思想政治教育的重要媒介和载体。“新媒体舆论场的形成以信息技术为介质，具有交互性、开放性、共享性等特点，这种双向流通的传播模式使得新媒体场域的传播主体在规模与数量上大大超过了传统舆论场，新媒体成为马克思主义意识形态大众化的必然选择与最重要的传播载体。”① 新媒体以现代网络技术为依托，可以最大限度地突破时间和空间的界限，通过文字、图片、视频等方式生动形象地即时传播教育信息，而且教育信息一旦在网络空间中形成就可以仅复多次使用，在一定程度上可节省人力、物力和财力，促进资源的循环利用。新媒体传播在为思想政治教育带来挑战的同时，也创造了前所未有的发展机遇。思想政治教育方法的创新必须牢牢抓紧新媒体这一重要载体，提高思想政治教育的即时性、互动性和有趣性。

三、新媒体传播对高校思想政治教育方法的挑战与反思

任何一个有效的思想政治教育活动都是由教育者采取适当的教育方法并借助教育媒介对受教育者实施影响完成的，这几个要素缺一不可。伴随着互联网技术的发展和移动网络的普及，21 世纪的高校学生已不再是“魔弹论”时期应声而倒的受众，他们有自主的选择权。学生由被动的接受者转变为自主的选择者，他们在接受教育、获取信息的同时，也希望可以展现自我，表达所思所想。新媒体传播促进了国内外思想的交流，在多元思想的交流、碰撞之中，如何捍卫主流价值观的地位？提高思想政治教育的有效性，需要进一步创新高校思想政治教育方法。

（一）高校教育环境的开放性与流动性扩大

传统的高校思想政治教育受地理环境和教育、传播手段的限制，影响范围较小，效率不高，效果不显著。伴随新媒体技术的发展，一个无时无刻不在、没有边缘的虚拟空间诞生了。受其影响，高校思想政治教育的开放性与流动性也急剧扩大。新媒体传播可以突破物理时空限制，让线上与线下彼此熟悉或不熟悉的教师和学生之间产生连接关系。同时，这种关系又具有一定的匿名性、临时性、流动性、脆弱性。新媒体传播不可阻挡，高校思想政治教育也应顺应其发展，审时度势，把握好方向。

---

① 韩文乾．新媒体环境下高校社会主义核心价值观教育途径探析［J］．思想理论教育导刊，2015（3）：68–71.

（二）教育工作者的主导性与控制力削弱

传统的思想政治教育，由教育工作者主导，学生主要是接受者和倾听者，传播渠道较为单一。新媒体的出现，促进了信息获取途径的多元化，在一定程度上降低了高校教育工作者的权威和主导性，学生不再是被动的接受者，而成为信息的选择者，教育工作者的主导性与控制力都进一步削弱。但是，网络空间中的海量信息真假难辨，质量良莠不齐，需要受众进行筛选和识别。新媒体的出现对教育工作者的综合能力有了更深层次的要求，教育者要有驾驭全场的硬核知识，也需要掌握教学的技巧和细节的处理能力，引导教育活动朝着高效、有序的方向发展。为此，思想政治教育工作者可采用多元的沟通渠道与学生保持密切联系，提升亲和力，消除距离感，建立信任感；结合传播学的相关理论创新高校思想政治教育方法，激发学生的积极性和主动性，引导学生自觉屏蔽不良信息，树立正确的价值观。

（三）传播内容的复杂性与多样性上升

“思想政治教育的内容包括以下 5 个方面：世界观教育、政治观教育、人生观教育、法制观教育、道德观教育。”① 但是，新媒体传播的内容与思想政治教育的内容存在着较大的差异。新媒体传播具有意义多样、组织无序等特点，传播内容更为复杂，所传播的信息多为零碎的、松散的、缺乏逻辑性的。受新媒体传播的影响，高校思想政治教育所面临的内容复杂性与多样性也会有所上升。

（四）教育媒介的技术性和影响力增强

随着网络技术的不断发展和传播载体的不断优化升级，各行各业对于技术的要求与日俱增。在思想政治教育领域，高校亟须借助新技术创新思想政治教育方法，搭建新媒体平台，以新媒体为教育载体实现与学生的即时沟通。

四、新媒体传播下高校思想政治教育方法的创新

思想政治教育方法主要包括认识方法、决策方法、实施方法、一般方法、隐性教育方法、调解评估方法等。选择适当的教育方法将决定思想政治教育的效度。此外，

① 陈万柏，等．思想政治教育学原理［M］．北京：高等教育出版社，2007：176.

教育方法也需要与时俱进，保持创新。

（一）高校思想政治教育认识方法的创新

1. 搭建传播媒介，有效获取思想政治教育信息

在新媒体传播背景下，信息呈爆炸性增长，不仅真假难辨，而且碎片化现象十分严重。作为高校思想政治教育工作者，应深入网络空间中去了解学生、引导和服务学生。为此，我们要创新思想政治教育的认识方法，搭建传播媒介，有效获取思想政治教育信息，提高思想政治工作的针对性和有效性。

2. 整合数据资源，科学分析思想政治教育信息

在新媒体传播背景下，高校思想政治教育工作者可以基于海量数据分析当代大学生的学习方式、学习时间、学习目的等，掌握高校学生学习的一般规律，并针对普遍存在的问题采取行之有效的干预措施。整合数据资源，不仅可以有效地指导思想政治教育工作者根据受教育者的特点合理安排教学内容和正确选择教育方法，还有助于建立动态、客观的教学质量监督体系，促进教育模式的改革创新，实现立德树人的根本目标。

（二）高校思想政治教育实施方法的创新

1. 善用议题设置，增强思想政治教育的吸引力

“议题设置理论最早是由美国传播学家 M.E. 麦库姆斯和 D.L. 肖提出，其基本思想是：在特定的一系列问题中，那些媒介更加重视的问题，在一定时间内将日益被受众所熟悉，受众会按照熟悉度对议题的重要性排列。”① 媒体虽然不能出色地引导人们怎样思考问题，但对引导人们该去思考和关注什么样的议题却十分奏效。因此我们可结合议程设置理论创新教育实施方法，加强思想政治教育的导向力，引导学生关注和研究主流价值观思想。

2. 严控信息来源，增强思想政治教育的主导性

新媒体的出现虽然使学习知识的成本降低了，却增加了管理的成本。在文化多元化、信息复杂化、来源多样化的今天，教育工作者更应该积极借鉴传播学中的“把关人理论”，对知识和信息进行筛选、取舍，把符合思想政治教育要求的信息内容展现给大学生。要注重具体信息的结构性和完整性，重构被新媒体传播造成的碎片化、零散化的信息。

① 周庆山 . 传播学概论［M］, 北京：北京大学出版社，2004：224.

（三）高校思想政治教育调节评估方法的创新

1. 建立长效反馈机制，吸纳多方意见

新媒体以其快捷性、互动性、匿名性等特征，构建了一个无时无刻不在的虚拟网络空间，形成了一个充斥着各种信息的网络舆论场。在新媒体环境下，高校思想政治教育工作者要坚持用马克思主义唯物辩证法思考问题，透过纷繁复杂的现象抓住事物的本质与核心。在处理具体问题时，思想政治教育工作者须秉持“兼听则明，偏信则暗”的原则，尽量吸纳多方意见，主动地与学生多接触、多沟通、多交流，建立长效反馈机制。

2. 善于疏导消极反馈，增强有效沟通

沉默螺旋理论“基于这样一个假设：大多数人都会力图避免由于固执己见而遭到孤立，选择保持沉默。一方陈词而另一方沉默的倾向，便开始了一个螺旋的过程，这个过程循环往复，把一种意见确定为主要意见”①。但是，强势的意见不一定是理性的意见，可能是群体屈从、意见趋同的结果。在高校开展思想政治教育工作的过程中，教育工作者可以多与内向、不擅长表达意见的学生沟通和交流，创造条件使之摆脱“沉默的螺旋”，力争做到疏导消极反馈，增强有效沟通。高校思想政治教育工作者要注重在网络空间中加强对学生舆论的引导，培育学生独立自主思考问题的意识和能力。

（四）高校思想政治教育方法技巧和艺术创新

1. 优化劝服情境，减少受众抵触心理

思想政治教育工作的开展一定要注重运用传播学的说服理论。说服理论的有效性首先源于传播信息的真实与准确程度，其次是传播者的形象与权威，此外还与传播过程中的情景选择、语言运用等存在着密切的联系。在开展思想政治教育活动的过程中，一定要注重情境的营造与选择，为学生创造轻松、民主、宽松的环境，减少学生的抵触心理。传播者在日常工作的开展中还要注重自身形象的维护，在学生群体中树立一定的权威。“构建良好的主客体关系是高质量开展思想政治教育工作的前提和基础。”②

2. 掌握传播策略，增强教育的艺术性

高校大学生是一个重视自我感受、追求个性表达、崇尚新事物的群体。作为高校

① 毕一鸣，等．舆论与媒介传播［M］．北京：中国广播电视出版社，2012：175-176.

② 严洁，姜羡萍．新媒体视域下创新高校思想政治教育探析［J］．学校党建与思想教育，2021，659（20）：72-74.

思想政治教育工作者，可利用传播学的一面提示与两面提示法、先说与后说相结合法、激励说服与警示说服相结合法来增强思想政治教育的艺术性，促进思想政治教育工作的顺利开展。一面提示法对于知识储备不多的人群较为适用，而两面提示法更适合于受教育水平较高的对象。对于高校大学生而言，更适合用两面提示法，让学生全面地认识当下的发展趋势，认识到自身的优势与不足，把握更多的发展机遇。先说与后说相结合法是人们对最先说的事情和最后说的事情印象最为深刻，即首因效应和近因效应。在思想政治教育工作中，根据内容的重要性依次排序，将重要内容安排在开始或者是结束时向学生们传递，有利于学生们更好地接受与吸收。激励说服的方法一般只能对学生形成短暂的表层的影响，难以达到一定的效果。研究表明，有一定威胁强度的说服往往更加有效。但是，仅使用警示说服的方法会对学生形成较大的恐惧与压力，与教育者容易产生分歧与距离，因此，将激励说服与警示说服结合运用到思想政治教育工作中，会更好地实现预期的效果。

总之，在新媒体传播的背景下，高校思想政治教育工作者可以充分借助传播学理论，进一步创新思想政治教育方法，提高思想政治教育工作的有效性，把高校思想政治教育工作落到实处。

参考文献：

［1］习近平在全国高校思想政治工作会议上的讲话［N］. 光明日报，2016-12-09.

［2］张毅翔. 思想政治教育方法创新内涵系统性解析［J］. 求实，2008（9）：84-86.

［3］何从娜. 新媒体环境下大学生思想政治教育的创新路径探析［J］. 科教文汇（中旬刊），2019（6）：36-38.

［4］张耀灿. 思想政治教育学科理论体系发展创新探析［J］. 学校党建与思想教育，2007（5）：7-10.

［5］韩文乾. 新媒体环境下高校社会主义核心价值观教育途径探析［J］. 思想理论教育导刊，2015（3）：68-71.

［6］陈万柏，等. 思想政治教育学原理［M］. 北京：高等教育出版社，2007：176.

［7］周庆山. 传播学概论［M］. 北京：北京大学出版社，2004：224.

［8］毕一鸣，等. 舆论与媒介传播［M］. 北京：中国广播电视出版社，2012：175-176.

［9］严洁，姜羡萍. 新媒体视域下创新高校思想政治教育探析［J］. 学校党建与思想教育，2021，659（20）：72-74.

（李光雯，武汉传媒学院马克思主义学院教师）

习近平法治思想融入大学生思想政治教育的价值及实现路径

◎杨民元

摘　要：习近平法治思想是马克思主义法学中国化的最新成就，涉及国家治理的方方面面，深刻回答了在新时代为什么要实行依法治国，以及如何实行依法治国等一系列问题。习近平总书记指出："一个现代化国家必然是法治国家。"现代化的内涵十分丰富，并且随着人类文明发展进步而不断拓展深化，但现代化始终与法治密不可分。党的十八大以来，以习近平同志为核心的党中央提出全面依法治国，将其纳入"四个全面"的战略布局，并作为完善和发展中国特色社会主义制度和推进国家治理体系治理能力现代化的重要内容。大学生群体作为社会主义事业的建设者和接班人，从国家发展层面，要让其在大学阶段就能够辨别中国特色社会主义法治相较于西方法治的区别，认识到社会主义法治的核心是"以人民为中心"，在法治建设中自觉拥护党的领导；从大学生日后个人发展层面则要通过学习习近平法治思想，防范法律风险，维护合法权益，提升法治意识，实现幸福人生。

关键词：习近平法治思想；大学思政；法治教育

一、习近平法治思想融入大学生思想政治教育的价值

（一）能够让大学生准确把握中国特色社会主义法治方向

法治是实现国家治理体系和治理能力现代化的重要工具，综观全球近现代史，凡是顺利实现现代化的国家，都较好地解决了人治和法治的问题。[①] 法治作为国之重器，每一个大学生都应该对国家的法治思想、法治道路有所了解和认同。尽管在步入大学

① 王晨．习近平法治思想是马克思主义法治理论中国化的新发展新飞跃［J］．中国法学，2021（2）：10.

之前大学生就已经在中学政治课上学习过国家基本制度和大政方针，但对于法治思想及法律基础知识涉及甚少，因此亟须向大学生普及中国特色社会主义法治的相关内容。习近平法治思想作为中国特色社会主义法治的重要组成部分和最前沿的内容，是大学生学习的重点。目前，教育部已经把“习近平法治思想概论”纳入法学专业本科生的必修课，作为其专业课程。但是对于其他专业的本科生，思政教师仍然有义务在大学生思政教育中融入习近平法治思想的相关内容，让大学生能够准确把握中国特色社会主义法治方向。此外，要引导大学生“在原则问题和大是大非面前旗帜鲜明、立场坚定，坚决反对和抵制西方‘宪政’‘三权鼎立’‘司法独立’等错误观点”①。

（二）能够让大学生防范法律风险，维护合法权益

近年来，随着全面依法治国战略的实施，无论是处于哪个受教育阶段的学生，都接触到了比以往更多的法治教育，大学生的法治意识普遍有所提高。与此同时，时代变革和互联网的发展，也给一度平静的校园掀起了阵阵波澜。例如，大学中曾发生过“药家鑫案”“复旦大学投毒案”等名校大学生触犯刑法的事件，令人痛惜；此外，“校园贷”“校园诈骗”等侵犯大学生人身权利和财产权利的案件更是层出不穷。因此，在习近平法治思想的指导之下，思政教师在课堂上引入相关案例，讲解与大学生生活密切相关的刑事法律和民事法律知识，能够让大学生及早防范法律风险，维护合法权益。

二、习近平法治思想融入大学生思想政治教育存在的不足

（一）仅依靠“思想道德与法治”课程作用有限

目前，各大高校所开设的涉及法治方面的课程主要是“思想道德与法治”，该门课程涵盖六章教学内容，然而，前五章都在讲述与道德相关的内容，只有第六章涉及的是法治。本来在该门课程中法治章节占比就不多，加之教材中关于法治部分的内容相对较为抽象，对于大一学生来说，理解起来有一定的难度。而且大多数思政教师在讲授这门课程的时候更偏向于法理学的内容，没有联系学生的生活实际，显然这也不利于大学生法治意识的培养。

---

① 两办发文：坚决反对和抵制西方“宪政”“三权分立”等错误观点［N］. 新华社，2023-02-26.

（二）教学方式单一，效果持续时间短

目前，大多数高校开设的“习近平法治思想概论”和“思想道德与法治”大都注重理论教学，缺少案例分析、实地学习、学生参与等环节。这种教学方式虽然对于习近平法治思想基本内容的普及具有一定的作用，但效果并不好，大多数学生对习近平法治思想的掌握仅仅停留在框架上或是概念的理解，对于培养自身的法治理念和法治精神还有一定的距离。在该种教学模式下，大学生面临着考前冲刺记忆、考完就忘的问题，因此并不能很好地实现思想政治教育的目的。大学生学习习近平法治思想是为了能够对他们的内在进行熏陶，形成正确的法治观，[①] 宏观上认可国家的法治道路，拥护宪法和法律的权威；微观上形成遵守法律、信仰法律、遇事用法律手段解决问题的观念，形成规则意识，成为法治信仰坚定的社会主义现代化人才。

（三）注重“授之以鱼”，忽略“授之以渔”

在整个一学期的学习过程中，课堂上能够涉及和呈现的内容是十分有限的。大部分教师在教学时仅仅是讲解了部分知识性内容，但无论是法治还是法律，其内部是有非常严密的逻辑体系的，很多内容都能够举一反三。由于教师在教学中注重了“授之以鱼”，忽略了“授之以渔”，学生再次面对类似的法律问题时就会感到无从下手，不能及时找到相关解释，不能将所学运用于研究或生活中。

三、习近平法治思想融入大学生思想政治教育的实现路径

（一）将习近平法治思想融入各门思政必修课程

事实上，除了“思想道德与法治”这门课程外，其他几门思政课也都与马克思主义法学密不可分、与习近平法治思想密不可分，在教授其他几门思政必修课时也可以适当融入习近平法治思想的相关内容。[②] 习近平法治思想是马克思主义法学中国化的最新成果，也是习近平新时代中国特色社会主义思想的重要组成部分，是与毛泽东法

① 刘旭光．新媒体微课推进习近平新时代中国特色社会主义思想“三进”研究——以《思想道德修养与法律基础》课为例[J]．高教学刊，2021（5）：28.

② 李炳通．习近平法治思想融入高等教育的实现路径研究——以部分高校实践为例[J]．天津法学，2022（4）：27-28.

治思想、江泽民法治思想既一脉相承又与时俱进的法治思想，深刻阐明了中国特色社会主义法治的本质特征、发展道路、基本原则等等。①

在讲授“毛泽东思想与中国特色社会主义概论”这门课时，教师可以融入迄今为止马克思主义法学中国化的历史进程，并侧重研究习近平法治思想的理论成就与实践成就。具体来看，在教学目标上，要让学生深刻认识到只有将法治作为治国理政的基本方式，才能让国家更好地实现现代化；认识到中国特色社会主义法治发展规律；了解在全面依法治国战略下，习近平同志所提出的法治新内涵、新术语、新理念，让大学生的法治理念与时俱进。

在讲授“马克思主义基本原理”这门课程时，教师可以结合习近平同志关于法治的相关文章和讲话，向学生重点讲述习近平同志如何科学运用马克思主义哲学的世界观和方法论来解释法治上的一些经典论题，如运用辩证统一的观点全面回答了民主与专政、德治与法治以及人治与法治的问题。② 教师应该在该门课程中结合习近平法治思想对这些基本概念进行对比讲解，向学生阐明在“实现两个一百年”奋斗目标过程中，法治具有基础性、保障性作用，要坚决地拥护国家法治建设。

在讲授“中国近现代史纲要”这门课程时，教师可以向学生解读习近平法治思想对于中国近现代优秀法律思想的继承与创新。

（二）创新课程形式，采用交互式、沉浸式教学模式

1. 整合师资力量，针对不同专业学生采取不同授课模式

思政课程改革创新应该先从师资力量的整合入手，相关学院的教师可以联合备课。针对不同专业的学生，可以采取不同的授课模式。例如，绝大多数情况下，文科学生比理工科学生的文学、历史功底更深厚，教师可以在法治思想的深度上进行拓展，定期开展习近平法治思想研习读书会，增进学生学习习近平法治思想的厚度。针对理工科专业学生进行授课时，教师应注重介绍习近平法治思想的形成背景、内容、贡献等。

2. 在课程设计上增加实践板块占比

针对目前存在的习近平法治思想在教学时仅由教师单项输出的问题，应该创新教学模式，在课程设计上增加实践板块占比，多增加一些以学生为主导的项目，让学生变被动学习为主动探索。例如，教师可以围绕某个问题组织学生开展辩论赛，促进学生充分发挥主观能动性。再比如，学校可以与多个领域的单位进行合作，组织学生去

① 张文显 . 习近平法治思想的理论体系[J]. 法制与社会发展，2021（1）：5.
② 陈大文 . 习近平法治思想融入高校思政课教学的思考[J]. 核心价值观研究，2021（4）：16-17.

法治文化广场或者法治文化展馆参观，或者到法院进行旁听，也可以邀请相关机构人员指导学生模拟法庭辩论，以此充分感受在习近平法治思想指导下的中国法治的微观世界。

（三）培养学生的自主学习热情

对于习近平法治思想的教学，并非几节课就能实现教学目标，这是一个长期的过程，需要培养学生课后甚至是课程结束后的自主学习热情。教师在教学时，应注重培养学生的学习兴趣，向学生普及一些关于习近平法治思想的最新成果的学习网址和平台，教会学生简便的学习方法和法律检索路径。

参考文献：

[1]王晨．习近平法治思想是马克思主义法治理论中国化的新发展新飞跃[J]．中国法学，2021（2）：10.
[2]两办发文：坚决反对和抵制西方“宪政”“三权分立”等错误观点[N]．新华社，2023-02-26.
[3]刘旭光．新媒体微课推进习近平新时代中国特色社会主义思想“三进”研究——以《思想道德修养与法律基础》课为例[J]．高教学刊，2021（5）：28.
[4]李炳通．习近平法治思想融入高等教育的实现路径研究——以部分高校实践为例[J]．天津法学，2022（4）：27-28.
[5]张文显．习近平法治思想的理论体系[J]．法制与社会发展，2021（1）：5.
[6]陈大文．习近平法治思想融入高校思政课教学的思考[J]．核心价值观研究，2021（4）：16-17.

（杨民元，武汉传媒学院马克思主义学院教师）

高职院校思政教育与心理健康教育问题探讨及对策分析

◎孙丹侃

摘　要： 本文主要聚焦于高职院校思政教育和心理健康教学的关系，阐述了高职院校思政教育与心理健康教育相结合的必要性，分析了现阶段高职院校思政教育与心理健康教育中普遍存在的问题，在此基础上探讨加强高职院校思政教育与心理健康教育融合的有效措施，旨在提高思政教育与心理健康教育水平，促进学生健康成长。

关键词： 高职院校；思政教育；心理健康教育；问题；对策

近年来，我国一直致力于高等教育改革，高职院校教育是高等教育的重要组成部分，必须予以高度重视。随着社会和时代的发展，人们所面临的竞争压力越来越大，身处校园的学子们面临的挑战越来越多，心理负担也越来越重。如果不能引导学生进行有效调节，学生的身心健康发展则难以得到有效保障。基于此，高职院校应重视思政教育和心理健康教育工作，通过实施有效措施应对可能出现的问题，促进思政教育与心理健康教育水平的提升，保障学生的身心健康发展。

一、高职院校思政教育和心理健康教育的关系

高职院校思政教育和心理健康教育之间具有一定的差异性，但也有一定的共同点。从差异性方面来说，二者在学科体系、教育内容和教学方式等方面有所不同。思政教育主要沿用的是毛泽东思想、马克思列宁主义等理论体系，心理健康教育则以心理学理论体系为主；思政教育偏向于思想政治道德方面的教学，心理健康教育则偏向于心理健康知识方面的教学；思政教育通常使用榜样方式来进行引导，心理健康教育则更强调尊重学生、理解学生。从一致性方面来说，无论是思政教育还是心理健康教育，

其都以立德树人为教育目标，两者之间具有一定的互补性，内容上能够相互补充。①

二、高职院校思政教育与心理健康教育相结合的必要性

将高职院校思政教育与心理健康教育有效结合不仅十分必要，而且具有一定的积极意义，主要体现在以下几个方面：一是有利于实现立德树人的根本目标。高职教育主要是对技能型人才的培育，其要求学生掌握扎实的专业技能，同时还要具备良好的职业道德素质。将思政教育和心理健康教育有效融合，能够给予学生更多的关心，引导学生树立正确的三观，使学生具备良好的心理素质。二是有利于提高思政教育水平。在实施思政教育的过程中，融入心理健康教育内容，结合学生实际，加强与学生的心理沟通，有利于引导学生克服困难，缓解压力，使学生形成良好的道德品质。②

三、现阶段高职院校思政教育与心理健康教育中存在的问题

现阶段，在高职院校思政教育与心理健康教育中还存在着一定的问题，有待于进一步解决，其问题主要表现在以下两方面：一方面，高职院校的思政教育效果并不突出，未能达到预期的教育效果。思政教育强调对学生道德观念的引导，影响学生的价值取向。虽然在国家职业教育新课标的背景下，高职院校思政教育进行了一定程度的改革，但受到传统教育模式的束缚和限制，未能突出学生的主体地位，仍然存在一定的教学问题。导致这一状况出现的原因，一是受传统思政教育理念的影响，高职院校思政教育所采取的教学方式过于单一，在实际教学过程中，仅专注于国家相关政策的颁发和实施，教学内容枯燥，教学氛围沉闷，导致学生产生厌烦情绪，整个学习状态较为被动，无法感知思政教育的意义；二是学生在一定程度上缺乏学习积极性，上课所使用的教材内容存在滞后性，并没有与学生的生活实际相联系，不符合社会实践要求。另一方面，高职院校的心理健康教育并没有贯彻落实。③心理健康教育十分重要，其能够保障学生的身心健康发展。但是在实际教学过程中，心理健康教育并没有达到

① 高爱香．课程思政背景下高职院校心理健康教育工作摭探［J］．成才之路，2022（23）：129-132.

② 王彩云．高职院校心理健康教育与思政课融合创新研究［J］．淮南职业技术学院学报，2022，22（3）：25-27.

③ 陈君浩．高职院校思政教育与心理健康教育问题探究——评《高职院校学生思想政治教育的理论与实践》［J］．中国学校卫生，2021，42（12）：1756.

预期的教学效果，未能根据每一个学生的实际情况实施有针对性的心理健康教育。不同的学生，成长环境不同，心理承受能力也有所不同。教师在实际教学过程中，需要基于学生的心理特征，开展相应的教学。但目前大多数教师采用的都是一体化教学模式，并不能给予学生更好的帮助。比如，教师没有针对刚入校的新生开展科学的心理健康教育，以至于其面对陌生环境，仍然感到紧张、彷徨；对于即将毕业的学生，教师未能给予其有针对性的心理指导，以至于当他们面对即将走出校园、步入社会的崭新环境，感到心理压力巨大。

四、加强高职院校思政教育与心理健康教育融合的有效措施

（一）更新理念，坚持以人为本原则

高职院校的思政教育和心理健康教育具有一定的互补性，为实现二者的有效融合，应当转变传统教学理念，创新教育模式，全面了解、透彻分析思政教育和心理健康教育之间的关系，促进思政教育和心理健康教育有效融合发展。想要培养学生具备良好的道德品质，需要帮助学生养成强大的心理素质，而良好的思想道德素质，是学生具备良好心理素质的重要基础。①

无论是思政教育还是心理健康教育，都应当坚持以人为本的原则。教师在教学过程中需引入先进的现代教育理念，体现人文精神，突出学生的主体地位，充分发挥学生的主观能动性，强化学生的教学认知，改变学生被动的学习态度。思政教育和心理健康教育不同于其他学科的文化教育，其归属于精神方面的教化。在实际教学过程中，教师需给予学生有效的引导，增强学生的体验感和参与感，提升学生的道德修养，培养学生具备良好的心理素质。与此同时，教师还需要关注学生的日常生活、学习中的心理问题，增进对学生各方面的了解，尊重学生之间的差异性，鼓励学生勇于表达自己的观念和想法，多站在学生的角度去思考问题，引导学生树立正确的三观。

（二）多方面有效融合

一是有效融合思政教育和心理健康教育的教学方法。针对不同学科，所采用的教

---

① 葛小丽，程森弟．知识经济时代下高职院校思想政治教育与心理健康教育的协同育人路径研究［J］．财富时代，2021（9）：59-60.

学方法应有所差异。思政教育属于高职院校教育中的基础课程，教学方法相对程式化；心理健康教育则主要是对学生给予健康的心理引导，教学方法相对更为灵活。将两种教学方法相融合，可以起到一定的互补效果。在实施心理健康教育的过程中，教师可以引入思政教育的教学方法，重视对学生思政素养的培育；在进行思政教育的过程中，又可以融入心理游戏教育法，引入心理咨询来活跃教学课堂气氛，帮助学生形成良好的心理素质，予以学生正确的价值引导。①

二是有效融合思政教育和心理健康教育的教学内容。对于高职院校来说，不仅要培养学生具备一定的专业技能，使学生具备良好的职业能力素质，还需要培养学生的个人素养，以满足社会对高素质人才的需求。因此，在实际教学过程中，应当突出学生的主体地位，充分发挥学生的主观能动性，以学生为中心来开展教学活动。教师要时刻关注学生的思想状态，加强与学生的交流和沟通，从宏观层面把控学生的观念意识。此外，教师还要关注学生的情绪变化，了解学生的潜意识心理活动，帮助学生形成良好的品格。

三是有效融合思政教育和心理健康教育的教学渠道。这里指的是基于教育途径，有效融合思政教育和心理健康教育，积极开展文化建设工作，举办丰富多样的文化活动，弘扬优秀作风，以此潜移默化地感染学生。

四是有效融合思政教育和心理健康教育的教学平台。在思政教育和心理健康教育的融合教学中，教师应当转变传统教学方式，有效利用现代网络技术，创建完善的在线教育平台，在线上给予学生良好的教学引导，全面关注学生的心理变化，了解学生的思想状态，帮助学生解决生活中、学习中面临的各种问题。②

五是有效融合思政教育和心理健康教育的教学课程。所设置的课程内容，要与学生的身心发展特征相符，以促进学生全面发展为目标，在思政教育中有效融合心理健康教育。

（三）做好体制上的衔接工作

为实现思政教育和心理健康教育的有效融合，学校应设立长效机制，做好体制上的衔接工作。大部分的高职院校都配备了心理健康教育与咨询机构，既负责学生的心理咨询工作，又肩负着心理健康教育任务。心理健康教育与咨询机构应当履行好自身职责，与思政教育工作有效衔接，思政教育工作人员要具备一定的心理健康知识，并

① 李丹．探究高职院校思政教育与心理健康教育的融合［J］．现代农村科技，2021（8）：107-108.
② 李焱．高职院校思政教育与心理健康教育融合的探讨［J］．发明与创新（职业教育），2021（3）：43-44.

在实际教学中有效融入这一知识内容。①

（四）课程上相互借鉴

为实现思政教育和心理健康教育的有效融合，应当在课程上相互借鉴。无论是思政教育还是心理健康教育，在实际教学过程中都要以促进学生的可持续发展为目标，遵循服务专业、职业的原则，相互吸取优势，弥补不足，从而提高思政教育与心理健康教育水平。

（五）融合师资力量

在实施思政教育和心理健康教育的过程中，可有效整合师资力量，保障教育工作的顺利开展。从师资队伍结构来看，高职院校的思政教师大多为兼职教师，其还要承担学校的部分行政事务工作；部分院校的心理课程教师同时由思政课程教师兼任，这些教师本身可能并不具备心理学相关知识，缺乏心理机能，这就导致教师无法及时发现学生的心理问题。基于此，应当有效整合思政教育和心理健康教育师资队伍，加强对教师的专业培训，强化教师的专业水平，提升教师的科研能力，促进教师之间的交流与沟通，并分享经验。

结语

高职院校思政教育与心理健康教育是高等教育中不可缺少的重要组成部分。如何促进高职院校思政教育与心理健康教育的有效融合，提升思政教育与心理健康教育水平，保障学生的身心健康发展，是摆在当前高职院校面前的一项重要课题。

参考文献：

[1] 高爱香．课程思政背景下高职院校心理健康教育工作摭探［J］．成才之路，2022（23）：129-132.

[2] 王彩云．高职院校心理健康教育与思政课融合创新研究［J］．淮南职业技术学院学报，2022，22（3）：25-27.

[3] 陈君浩．高职院校思政教育与心理健康教育问题探究——评《高职院校学生思想政治教育的理论

① 孙智远．谈高职院校思政教育与心理健康教育的融合［J］．农家参谋，2020（20）：275.

与实践》[J].中国学校卫生，2021，42（12）：1756.
[4]葛小丽，程森弟.知识经济时代下高职院校思想政治教育与心理健康教育的协同育人路径研究[J].财富时代，2021（9）：59-60.
[5]李丹.探究高职院校思政教育与心理健康教育的融合[J].现代农村科技，2021（8）：107-108.
[6]李淼.高职院校思政教育与心理健康教育融合的探讨[J].发明与创新（职业教育），2021（3）：43-44.
[7]孙智远.谈高职院校思政教育与心理健康教育的融合[J].农家参谋，2020（20）：275.

（孙丹侃，武汉传媒学院教师）

提高高校思政教育实效性的路径探索

◎周晨颜

摘　要：在高校建设和发展中，思政教育是一项重要的工作，对高校的持续发展和学生综合素养的提升都有重要的意义。尤其是随着信息化和互联网时代的到来，高校学生的学习和生活方式都发生了很大的变化，多种思想和思潮冲击着学生们的大脑，这就要求其具备较强的判断能力，才能保持正确的发展方向。本文结合新时期高校思政教育工作的意义及相关影响因素，探讨提高高校思政教育实效性的实现路径。

关键词：思政教育；实效性；途径

高校思政理论课是一门重要的公共必修课程，该课程主要是从思想和意识形态方面，强化高校学生在成长和发展中坚定共产主义理想和中国特色社会主义信念，关注学生的思想和道德建设，引导学生树立正确的价值观。新的发展时期，高校思政教育的实效性受到多方面因素的影响。因此，了解影响现阶段思政教育实效性的相关因素，将思政教育工作纳入高校教育工作的重点范畴，具有重要的现实意义。

一、高校思政教育实效性探究的意义

高等教育是我国现代化教育的重要组成部分。大学生正处于世界观、人生观和价值观形成的关键时期。这一时期，大学生亟须在学校的正确教育和引导下，不断学习，努力提高和完善自己。加强大学生的思想道德修养，是社会主义教育方针的基本要求，同时也是大学生成才的需要。因此，强化大学生思政教育工作具有重要的现实意义，其思想道德水平和政治觉悟会直接影响现代化建设的速度和发展的质量①。近年来，全球经济、文化和思想交流的不断深入，一方面，开阔了学生的视野，丰富了学生的见闻，但另一方面，一些不良思想和文化的入侵也对大学生的思想和行为造成了一定的

① 沐阳．“大思政”视域下高校党史学习教育实效性提升研究［J］. 时代报告，2022（12）：58-60.

影响。与此同时，许多高校思想政治理论课的内容相对比较枯燥，说教式的思政教育方式无法激起学生的学习兴趣，这样的思政课堂不仅不能达到预期的教育效果，反而容易让学生产生逆反心理。“复杂多变的互联网发展态势，对传统的思想政治教育方式产生了很大的冲击，学生获取信息的渠道不断增多，在互联网使用过程中容易受到不良思想的影响，而其自身缺乏正确的判断力，在是非黑白面前往往不能坚持自我。”① 因此，推进高校思政教育改革，将原有的讲述式理论教学转变为实效性教学，具有重要的现实意义。

二、新时期影响高校思政教育实效性的因素

（一）移动互联网的发展冲击

信息技术的不断发展，移动终端设备的不断普及，一方面丰富了学生的校园生活，另一方面也给高校的思想政治教育工作带来了巨大的挑战。

首先，移动互联网的发展对传统的思政教育形式造成了一定的冲击。传统的思政教育主要是课堂上师生面对面的交流学习，而新媒体的出现，尤其是移动互联网的介入，不仅突破了传统思政教育面对面的授课形式，外界环境及外媒的影响也对教师的备课造成了一定的挑战。

其次，互联网的发展给人们的生活带来了极大的便利，高校学生通过互联网获取信息、购物消费和社交娱乐等，对互联网的依赖性较大，这导致学生们在学习和生活中遇到问题时不愿主动思考和探究，而是沉浸在虚拟的世界，直接搜索获取相关内容，学习的自觉性和思想觉悟性受到了不同程度的影响。

最后，信息发展时代对思政教育工作者的要求不断提升。高校为了培养更多高质量人才，对思政教育工作者的能力要求越来越高。思政教师除了要具备丰富的理论知识外，还要革新教育理念和思维，掌握新媒体技术，并能够运用互联网平台开展教学工作，实现现代化教学。但现阶段很多高校思政教师忽视了新技术的影响和应用，导致思政课教学枯燥、乏味，学生失去了学习兴趣，影响到思政教育的效果。

---

① 孙娟．新时代党校思政教育实效性优化路径［J］．时代报告，2022（12）：105-107.

（二）市场经济带来的挑战

市场经济的深入发展，使大学生的物质生活水平得到了很大的提升，同时一些学生的发展目标和理想也受到了影响。远大的理想和正确的目标是高校学生学习和奋斗的主要动力，但享乐主义、利己主义等不良思想的侵蚀，使得很多学生法治理念缺失，不能根据专业和行业发展树立发展的目标，自身的专业能力提升较慢，影响到思政教育的实效性。① 在功利主义的影响下，很多大学生无法精心钻研，急功近利，不能专注于知识的学习和能力的提升，更是失去了思政教育的学习兴趣，多是抱着应付考试的心态，无法达到思政教育的效果。②

（三）人文关怀的缺失

其一，忽视了对学生心理的疏导。现阶段我国学生心理疏导工作还需要进一步提升，很多高校将工作重点放在学生的专业课程建设和学生管理方面，忽视了对学生综合素养的培养和提升。近年来，受多方面因素的影响，学生因自身心理健康问题而引起的伤害自身和他人的行为逐渐增多，一些学生因为一些小问题无法及时得到解决，缺乏教师正确的引导而最终走入歧途，大学生的心理健康问题已经成为高校建设发展中不可忽视的重点问题。③ 思政教育工作与心理健康教育工作本质上有许多相通之处，要想提升学生的心理健康教育效果，必须加强对教育教学方法的研究，避免出现因为忽视心理健康教育而影响到思政教育的效果。

其二，共性教育缺乏创新力。当前大学生以“00 后”群体为主，他们成长于网络高速发展时期，受到多元文化和思潮的影响，思想和行为特征个性化鲜明，如果采用“一刀切”的思政教育方式，那么教学效果无疑会大打折扣。而现阶段很多高校在思政教育中并没有真正落实因材施教，缺乏个性化和针对性，无法满足部分学生的发展需求，思维的单一性和教学模式的固化，使学生的创新能力和创造力受到一定程度的影响，难以提升思政教育的实效性。

其三，忽视实践教育教学的重要性。在高校思政教育过程中，实践教育的作用不可替代。现下的思政教学，很多高校仍然以思政课本内容的讲授为主，缺乏引导学生积极参与课外实践，忽视了校园文化建设和文化活动创建的意义，而一些形式化的实

---

① 刘兵 . 高校思政教育教学实效性调研[J]. 黑龙江教师发展学院学报，2022，41（12）：29-31.
② 迟晓晨 . 新时代高校思政教育实效性提升策略研究[J]. 大学，2022（30）：77-80.
③ 李雍 . 全媒体时代高校网络思政教育实效性研究[J]. 文教资料，2022（19）：83-86.

践活动根本无法起到应有的教育效果，很多学生在单一的理论教学中仍然感到迷茫、焦虑，思政教育的实效性也无法提高。①

三、提高思政教育实效性的路径

要提升思政教育的实效性，必须以高校教育教学改革为契机，分析弱化思政教育实效性的原因，认识到现阶段思政教育的重要作用，多方面采取措施提升思政教育的实际效果。

（一）优化思政教育师资队伍

强化思政教学队伍建设，是提升思政教育实效性的前提。一方面，要重视高校思政课程教师队伍的选拔和培养，完善教师管理机制。教师不仅是课程教学的组织者，也对学生起到了良好的示范带头作用，因此高校必须选用道德水平和综合素养均较高的教师担任思政课教师，以更好地发挥教师的人格魅力，感染和熏陶学生，起到德高为范的作用；另一方面，高校思政课教师要不断提升自身的综合能力，除了应具备专业的思政理论知识外，还要了解不同专业教学的背景和要求，掌握社会发展动态和政治政策等，能够根据互联网时代的发展特点，运用马克思主义理论分析问题，提升教学实践水平。此外，思政课教师还要加强与专业课教师之间的合作交流，推进课程思政建设，在教学中充分挖掘专业课程与思政教育的结合元素，针对不同专业的学生进行针对性的持续性思政教育，提升思政课教师的综合能力。②

（二）在高校思政教育中融入“中国梦”

2012年11月29日，习近平总书记在参观《复兴之路》展览讲话时首次提出“中国梦”。“中国梦”生动形象地表达了全体中国人民的共同理想追求，昭示着国家富强、民族振兴、人民幸福的美好前景，为坚持和发展中国特色社会主义注入了新的内涵和时代精神，同时也为我国高校的思想政治教育工作提供了新的发展思路。在教学实践中，作为思政课教师，我们要认真解读和了解“中国梦”的本质，引导学生深刻理解新时期我国的发展政策和战略，在此过程中引导学生树立远大的理想和坚定的信念，

① 李轶岚．借助互联网提升高校思政教育实效性的研究［J］．科教导刊，2022（27）：101-103.
② 张景波．高校思政教育实效性评价准则及侧重点剖析［J］．大学，2022（24）：148-151.

坚持正确的价值理念，增强学生对我国发展道路的理解，树立文化自信心，同时加强学生作为未来我国建设发展中坚力量的使命感，督促学生不断提升自身的能力，加强学习和研究。①

（三）优化和革新教学方法

在高校思政教育教学过程中，教师要根据学生的学习特点，开展多样化教学，不断革新教学方法，优化教学内容，确保课程生动有趣，这就需要充分发挥信息技术手段和多媒体的作用。现阶段，互联网对学生的学习和生活产生了很大的影响，多样化的信息传播为学生获取知识提供了极大的便利。作为高校思政课教师，我们要正确认识互联网给我们带来的挑战，了解“00 后”大学生各方面的生活习性，充分借助互联网和多媒体技术手段，丰富思政教育的内容，开展多样化的思政活动，积极激发学生对思政教育的兴趣，避免学生对思政教育形成抵触心理。

（四）树立人本理念，坚持因材施教

在思政教育中，教师要认识到大学生的主体性作用，树立以人为本的教育理念，坚持因材施教，引导学生结合所学到的理论知识思考现实问题。在人本教育理念的指导下，教师要积极营造和谐平等的教学氛围，建立与学生之间的互动，用心感受学生所想，对其思想和行为加以引导，促进学生形成正确的价值观。要结合“00 后”大学生群体的个性特点，坚持分类化教学思想，真正将思政教育渗透到每一个大学生的意识中，尊重学生的个性化发展，针对不同基础水平的学生，开展分层次教育。此外，还要重视思政教育中的情感教育，减少学生对思政教育的抵触心理，增强与学生的情感交流，了解学生的实际需求，通过开展各种各样的校园文化活动，在潜移默化中提升学生的思想政治素养。

结语

综上所述，新时期高校思政教育具有长期性和复杂性的特点。在实际教学中，我们要秉承科学的教育教学理念，充分借助现代教育教学手段，树立人本主义思想，培

① 马芳琴，梁正，毛笑雯 . 立德树人理念下思政教育实效性提升策略研究［J］. 时代报告，2022（5）：146-148.

养学生树立正确的价值导向，不断提高思政教育的实效性。

参考文献：

[1] 沐阳．“大思政”视域下高校党史学习教育实效性提升研究［J］．时代报告，2022（12）：58-60.

[2] 孙娟．新时代党校思政教育实效性优化路径［J］．时代报告，2022（12）：105-107.

[3] 刘兵．高校思政教育教学实效性调研［J］．黑龙江教师发展学院学报，2022，41（12）：29-31.

[4] 迟晓晨．新时代高校思政教育实效性提升策略研究［J］．大学，2022（30）：77-80.

[5] 李雍．全媒体时代高校网络思政教育实效性研究［J］．文教资料，2022（19）：83-86.

[6] 李铁岚．借助互联网提升高校思政教育实效性的研究［J］．科教导刊，2022（27）：101-103.

[7] 张景波．高校思政教育实效性评价准则及侧重点剖析［J］．大学，2022（24）：148-151.

[8] 马芳琴，梁正，毛笑雯．立德树人理念下思政教育实效性提升策略研究［J］．时代报告，2022（5）：146-148.

[9] 柴旭博．高校思政教育实效性弱化原因及对策探析［J］．公关世界，2022（4）：94-95.

（周晨颜，武汉传媒学院教师）

理论探讨

高校思想政治理论课教材体系向教学体系转化的路径思考

◎沈　慧

摘　要：作为提升高校思想政治理论课教学实效性与亲和力的一项重要工作，积极推进高校思想政治理论课教材体系向教学体系转化，不仅有助于增强课堂教学的实效性和针对性、解决教材内容重复交叉等问题，同时也有助于提升思政课教师的个人素养和教学技能，具有非常重要的意义。当前，这一转化过程面临着认知困境、动力困境和匹配困境。从转化路径来看，深入研读教材，把握教材体系的重难点是转化的基础；关心学生需求、关注学生思维的困惑点是转化的前提；努力回应社会现实热点是转化的目标。

关键词：高校思想政治理论课；教材体系；教学体系

高校思想政治理论课（以下简称“思政课”）承担着为党育人、为国育才的重要使命，具有鲜明的意识形态属性，是高校落实立德树人根本任务的关键课程。①党的十八大以来，以习近平同志为核心的党中央高度重视思政课建设，作出了一系列重大决策部署。2019年3月18日，习近平总书记在学校思想政治理论课教师座谈会上发表重要讲话并强调：“思想政治理论课教师要不断增强思政课的思想性、理论性、亲和力和针对性，推动思想政治理论课改革创新。”②为深入贯彻落实习近平总书记关于思政教育的重要论述，特别是在学校思想政治理论课教师座谈会上的重要讲话精神，中共中央办公厅、国务院办公厅2019年8月印发《关于深化新时期学校思想政治理论课改革创新的若干意见》，明确提出坚持守正和创新相统一，注重增强思政课教材的政治性、时代性、科学性和可读性，贯彻落实新时期思政课改革创新的要求。笔者在教

① 习近平．思政课是落实立德树人根本任务的关键课程［J］．求是，2020（17）．

② 转引自：陈秉公．试论思想政治理论课教材体系向教学体系转化的规律性［J］．思想理论教育导刊，2008（9）：42-47.

学过程中发现，要真正做到思政课的融会贯通、精辟讲解，必须在教材体系向教学体系的转化中下功夫。因此，本文围绕高校思想政治理论课教材体系向教学体系转化的必要性、转化过程中的现实困境和转化的有效路径等相关问题，探究如何提高高校思想政治理论课的课堂教学效果。

一、高校思想政治理论课教材体系向教学体系转化的必要性

教材体系是某一门或某一类课程的教学目的和标准的载体系统。[①] 如教材、教辅工具书、教学课件、教案等。教材体系主要解决“教什么”和“学什么”的问题，多以文字、影像、实物、多媒体为材料。“教学体系是指为了促进教育培养目标的实现，由教学主体在教学过程中充分运用各种教学要素，达到教学目标的合理整合，它是统一运作的有机体系。”[②] 教学体系的主要载体是语言，主要解决“如何教”和“如何学”的问题。高校思想政治理论课教材体系具有系统性、规范性和理论性的特点，相较而言，教学体系更具有灵活性和实效性。教学主体在教学过程中，不仅要将教材的理论知识传授给学生，更重要的是把握学生的学情特点以及运用适当的教学方法来提高教学效果。高校思想政治理论课的课程性质决定了教材体系向教学体系的转化是十分必要的。

（一）有助于增强课堂的实效性和针对性

在 2019 年 3 月召开的学校思想政治理论课教师座谈会上，习近平总书记指出，思想政治理论课是学校落实立德树人根本任务的关键课程[③]，进一步明确了思想政治理论课的课程定位和重大作用。这一重要论断提醒我们，思想政治理论课注重科学知识、方法与逻辑的讲授，在兼顾思想性与学理性的同时，要更加凸显鲜明的政治性。[④] 近年来，高校思政课教材每三年改版一次，虽然可读性和趣味性有所增强，但学理性的话语体系仍然限制了其生动性，不同高校在办学层次、专业背景、师资力量等方面也

① 刘同舫．高校思想政治理论课的功能及其实现[J]．思想理论教育导刊，2021（12）：84-90.

② 艾红玲．试论高校思想政治理论课教材体系向教学体系转化的意义[J]．社科纵横，2016（12）：155-158.

③ 习近平主持召开学校思想政治理论课教师座谈会[EB/OL]．（2019-03-18）[2023-03-26].https：//www.gov.cn/xinwen/2019-03/18/content_5374831.htm.

④ 郭霞．高校思想政治理论课教材体系向教学体系转化的策略探析——基于教师主导、学生主体相统一的视角[J]．重庆广播电视大学学报，2022（2）：10-15.

存在着一定的差异，统编教材的广泛性难以适应不同高校的特殊需求。思政课教材自身的特点决定了它的严谨性，必须严格遵循思想政治教育规律、学生成长成才规律，合理设计教学体系，有效整合教学环节，才能实现教学目标。因此，高校思政课教师应对教材进行再加工，把教材体系转化为行之有效的教学体系，用鲜活的教学案例和大学生喜闻乐见的教学内容，增强思政课的实效性和针对性。

（二）有助于解决教材内容重复交叉等问题

目前，我国高等院校本科生所使用的思想政治理论课教材主要有《思想道德与法治》《中国近代史纲要》《马克思主义基本原理》《毛泽东思想和中国特色社会主义理论体系概论》《习近平新时代中国特色社会主义思想概论》等，思想政治理论课各门课程在编写教材的时候，为了保证各自教材理论体系的系统性和完整性，不可避免地会出现内容的重复。[①] 例如，《毛泽东思想和中国特色社会主义理论体系概论》第三章“社会主义改造理论”和《中国近代史纲要》第八章“中华人民共和国的成立与中国社会主义建设道路的探索”中，关于“过渡时期总路线”“社会主义基本制度的确立”等内容有交叉和重复;《思想道德与法治》第四章“明确价值要求 践行价值准则”和《习近平新时代中国特色社会主义思想概论》第八章“建设社会主义文化强国”中，关于“社会主义核心价值观”的内容有重复。教师在授课过程中，需要高屋建瓴地从整体逻辑上把握几门核心课程的教学内容，虽然课程内容有重复相似之处，但其侧重点和重难点有所不同。如果不考虑先修课程的所学内容，而是一味地根据教材内容面面俱到，最后的教学效果则有可能事倍功半。

（三）有助于提升思政课教师的个人素养和教学技能

高校思政课教师是开展马克思主义理论教育，用习近平新时代中国特色社会主义思想铸魂育人的骨干力量，教材体系向教学体系转化能否成功的关键在于教师。2020年3月实施的《新时代高等学校思想政治理论课教师队伍建设规定》中明确要求“思政课教师应当深化教学改革创新，增强思政课的思想性、理论性和亲和力、针对性，全面提高思政课质量和水平”[②]。习近平总书记曾多次强调，办好思政课，关键在教师，关键在发挥教师的积极性、主动性、创造性。当前，国内外形势多变，中国正面临着

① 宋友文 . 高校思想政治理论课教材体系向教学体系转化研究［J］. 微研讨，2019（6）.

② 新时代高等学校思想政治理论课教师队伍建设规定（2020 年 1 月 16 日中华人民共和国教育部令第 46 号公布自 2020 年 3 月 1 日起施行）［EB/OL］.（2020-02-17）［2023-03-26］.https：//www.gov.cn/zhengce/2020-02/17/content_5713396.htm.

世界百年未有之大变局和中华民族伟大复兴的战略全局，这对思政课教师的综合素质提出了更高要求。在此背景下，高校思政课的教学内容、教学语言、教学方法要不断更新，以适应时代发展的要求。

二、高校思想政治理论课教材体系向教学体系转化的现实困境

（一）认知困境

当前，部分高校思政课教师对教材体系向教学体系转化的认知还存在一定的局限，在实际的教学过程中，不是根据教学大纲和教学重难点设计教学内容，而是根据个人喜好、专业特长或个人判断设计教学。主要存在以下几个方面的认知困境：第一，将教材体系向教学体系转换等同于编写教案。教案是以教师、教材为中心的传统教学思想的体现，它的核心目的是教师怎样讲好教学内容，使学生掌握所学知识。教案仅仅是教学设计的具体化，还停留在对教材的讲解层面。第二，认为教材体系向教学体系转化就是教材内容的简单化。由于各个学校的办学层次、学生基础和理论水平差异较大，有些教师认为教材体系向教学体系转化的任务就是把深邃的理论简单化、通俗化，用大学生“听得懂”的话语体系进行解读，随意取舍，任意拼凑和切割，这样破坏了课程的完整性和系统性。

（二）动力困境

部分高校教师在教材体系向教学体系转化的过程中还存在动力不足的困境。目前，关于思想政治理论课教材体系向教学体系转化的研究已经开展了十多年，一些高校教师深知转化工作的重要性，但由于转化的工作量很大，这项工作也很难继续深入下去。教材体系向教学体系转化是一项“隐形教育”工作，对教师的综合素质要求很高，考验着教师的积极性、能动性和创造性，这一转化过程既无项目支撑，也无奖项表彰，需要高校思政课教师积极推动，自我要求。高校思想政治理论课教材体系转化为教学体系，首先要对教师缺乏动力的原因进行分析，鼓励教师在教学过程中认真备好每一节课，做到精讲精练，并不断将理论付诸实践，最终才能取得良好的教学效果。

（三）匹配困境

这里的“匹配”是指教材体系向教学体系转化能否实现教材、教学与学生诉求的有机统一。目前，大多数思政课教师都具有硕士或硕士以上学历，他们在学生时代接受的教育模式与现在作为思政课教师的教学模式有所不同。由于办学层次、学生特点和成长环境的差异性，部分大学生认为除了一些技能性知识的学习外，其他精神层面、价值理想信念的思考很难引起他们的关注。当前大学生处于竞争日趋激烈的时代，他们普遍认为思政课教材立足于党和国家发展大局的高度，与自身的实际生活差距甚远，不可避免地陷入了“职业化”学习选择倾向。因此，思政课教师在授课过程中，要真正把握学生的内心需求，提升他们的责任担当意识，引导学生对生命价值意义的思考，将教材、教学和学生需求有机结合起来。

三、教材体系向教学体系转化的有效路径

（一）把握教材体系的重难点

在教材体系向教学体系转化的过程中，教师要始终以教材为基础、以教学大纲为根本、以课程重难点为突破口设计教学。例如，通过对《毛泽东思想和中国特色社会主义理论体系概论》的学习，学生要能够描述中国共产党坚持“两个结合”、不断推进马克思主义中国化时代化的历史进程及其产生的理论成果，能够准确解释理论成果之间的逻辑关系，系统阐释毛泽东思想、邓小平理论、“三个代表”重要思想、科学发展观的主要内容和理论精髓，客观评价其历史地位和现实意义。在此基础上，学生要能够深刻理解中国共产党为什么能、中国特色社会主义为什么好、马克思主义为什么行，坚定“四个自信”，立志为坚持和发展中国特色社会主义事业而努力奋斗。这是这门课程在从教材体系向教学体系转化过程中所承载的教学目标和价值目标。另一方面，高校思想政治理论课的课程内容比较多，教师很难在规定的课时基础上面面俱到。同时，为了突出某一门课程的系统性和整体性，有些课程难免出现内容的重复，这就要求教师在通览教材的基础上，根据教学重难点，对部分内容进行适当加工和处理，从而避免无效的教学重复。

（二）关注学生思维的困惑点

高校思想政治理论课教材体系向教学体系转化要时刻关注学情。备课之前，教师要对不同授课班级学生的基础知识、基本能力、专业背景和思维困惑点有所了解。只有贴近学生，明白学生的所思、所想、所惑，才能更好地设计教学环节，达到教材体系向教学体系转化的目标。首先，教师可以与授课班级的辅导员保持联系。高校辅导员是处于思想政治教育最前沿、离学生最近的人，是高校实现立德树人目标的重要依托。他们与学生接触最密切，能够直接听到学生呼声，明白学生所思所想，懂得学生心中关切。这些“天然”条件，决定了高校辅导员在高校思想政治工作中具有不可替代的重要作用。思政课教师在短时间内，通过与辅导员沟通交流，可以比较清楚、全面地了解学生状况，为授课做好准备。另外，教师在学期之初，可以适当设计一些问卷调查和交流互动环节，了解学生的知识盲点和思维困惑点，收集整理他们对课程的相关问题，以便在后续的课程教学中，提高思政课教材体系向教学体系转化的效果。

（三）回应社会现实的热点

社会热点是指在社会中引起广泛关注、参与讨论、激起民众情绪、引发强烈反响的事件，通俗点说就是被很多人熟知且讨论的事件。社会热点问题，一般具有时代性、挑战性、普遍性、敏感性、流变性的特征。[①] 对社会热点进行答疑解惑也是思政课的基本要求。但是，现在部分高校的年轻教师，他们的职业成长轨迹是从校园到校园，只是身份完成了从学生到教师的转变，实践能力和实践水平还有待提高。虽然学校也会安排相应的培训研修和暑期实践，但在具体的授课过程中，由于缺乏对社会实践的深入了解，面对学生在课堂上提出的一些“尖锐”问题，教师无法回答或者直接选择回避，这样就不能够很好地解决问题。针对这一现象，一方面，要引导教师主动关注微博、今日头条等新闻媒体中的热点事件。新媒体具有开放性、即时性、互动性等特点和优势，正广泛深刻影响着广大青年学生的信息获取方式和受教育方式。借助于新媒体平台，思政课教师可以有意识地搜集、整理、分析学生们关注的热点新闻，全方位、多视角地了解学生，准确地把握学生动态，从而做出更加合理的学情判断。另一方面，教师在课堂上应主动对学生的关注点予以回应，引导当代大学生建立良好的社会心态，学会辩证看待各类热点问题，树立正确的世界观和人生观，始终同党中央保持思想和行动上的一致。

① 社会热点问题的定义［EB/OL］.（2022-10-28）［2023-03-26］.https：//www.ct10000.com/life/60828.html.

结语

高校思想政治理论课教材体系向教学体系转化，不仅能够增强思政课课堂的实效性和针对性，而且能够提高教学效果。但在实际的转化过程中，由于受到多种因素的限制，不可避免地会陷入转化的“误区”，这就要求教师在充分把握教学大纲和教材重难点的基础上，结合学生的思维困惑点，选择适当的教学方法，积极回应社会现实热点问题，将教材“教什么”和学生“怎样学”有机结合起来，圆满达成思政课的教学目标。

参考文献：

[1] 习近平．思政课是落实立德树人根本任务的关键课程［J］．求是，2020（17）．

[2] 陈秉公．试论思想政治理论课教材体系向教学体系转化的规律性［J］．思想理论教育导刊，2008（9）：42-47.

[3] 刘同舫．高校思想政治理论课的功能及其实现［J］．思想理论教育导刊，2021（12）：84-90.

[4] 艾红玲．试论高校思想政治理论课教材体系向教学体系转化的意义［J］．社科纵横，2016（12）：155-158.

[5] 习近平主持召开学校思想政治理论课教师座谈会［EB/OL］．（2019-03-18）［2023-03-26］．https：//www.gov.cn/xinwen/2019-03/18/content_5374831.htm.

[6] 郭霞．高校思想政治理论课教材体系向教学体系转化的策略探析——基于教师主导、学生主体相统一的视角［J］．重庆广播电视大学学报，2022（2）：10-15.

[7] 宋友文．高校思想政治理论课教材体系向教学体系转化研究［J］．微研讨，2019（6）．

[8] 新时代高等学校思想政治理论课教师队伍建设规定（2020 年 1 月 16 日中华人民共和国教育部令第 46 号公布自 2020 年 3 月 1 日起施行）［EB/OL］．（2020-02-17）［2023-03-26］．https：//www.gov.cn/zhengce/2020-02/17/content_5713396.htm.

（沈慧，武汉传媒学院讲师）

改革开放以来邓小平在社会主义与资本主义关系上的理论创新

◎王　辉

摘　要： 改革开放以来，随着时代主题转换和世界局势和缓，社会主义与资本主义关系发生了重大变化。邓小平继承了马克思主义经典作家关于社会主义与资本主义关系的思想，在全面总结社会主义历史实践经验教训的基础上，从时代的发展变化和当代中国的实际出发，为社会主义与资本主义关系理论添增了一系列新的内容，把人们对社会主义和资本主义关系的认识提升到了一个新的高度。

关键词： 邓小平；社会主义；资本主义；关系

从根本上说，社会主义终将代替资本主义，因此它们之间的对立和斗争是不以人的意志为转移的客观规律，我们不能改变规律，只能适应并加以利用。两种社会制度在本质上、价值观上，在发展道路与发展目的等方面的对立导致了它们之间的斗争。邓小平认为社会主义与资本主义虽然从本质上来说是相互对立、相互斗争的关系，但这并不妨碍两种不同制度的国家在国际交往中加强合作与交流，只有充分学习借鉴资本主义的先进文明成果，才能促进社会主义现代化建设顺利进行。

一、邓小平对社会主义与资本主义关系中对立和斗争的理论创新

（一）社会主义和资本主义相互对立

马克思主义经典作家以辩证唯物主义和历史唯物主义为指导，指出了社会主义必然代替资本主义的社会总趋势。邓小平在马克思主义基本理论的基础上，从两个制度的根本区别出发，阐明了两者之间的对立、斗争关系。社会主义和资本主义的相互对

立主要体现在四个方面：

第一，两种社会制度的本质存在差异。这种本质差异的决定性因素是经济基础，而经济基础又决定上层建筑，因此以生产资料公有制为基础的社会主义实行的是人民民主专政的政治制度，以生产资料私有制为基础的资本主义实行的则是资产阶级专政的政治制度，这是两种制度的本质区别，也是它们进行斗争的经济根源。邓小平说："我们要有计划、有选择地引进资本主义国家的先进技术和其他有益的东西，但我们决不学习和引进资本主义制度，决不学习和引进各种丑恶颓废的东西。"[①] 这一论断从根本上划清了社会主义与资本主义的界限。

第二，两种社会制度的价值观相互对立。社会主义国家坚持马克思主义，追求共产主义理想；资本主义国家奉行资本至上，追求"自我实现"。邓小平在改革开放初期就提醒人们要防止资产阶级自由化，警惕资本主义国家金钱至上、唯利是图等腐朽价值观传入我国。

第三，发展模式不同。无论是英法等老牌资本主义国家还是美日等后起的发达资本主义国家，它们的现代化道路无一不是建立在私有制和经济危机等资本主义固有矛盾基础上的。我国则是以公有制为基础，有计划、有步骤地进行社会主义现代化建设。

第四，发展目标不同。一方面，资本主义经济的不断发展导致贫富差距扩大；另一方面，经济危机必然导致社会危机和意识形态危机，最终结果是整个社会的腐朽变质以及生产力无法再适应当前的生产关系从而引发变革。社会主义的发展目标一开始就避免了资本主义制度的固有矛盾和缺陷，以共同富裕为目标，注重经济、政治、文化、社会、生态各方面的协调发展。

（二）社会主义和资本主义相互斗争

社会主义和资本主义的本质区别，决定了这两种制度的竞争关系。虽然和平与发展成为当今世界的主题，但各国间的竞争并没有消失，以前的军事斗争变成了如今以经济和科技实力为基础的综合国力的竞争。社会主义与资本主义之间的竞争形式也越发复杂多样，主要包括政治上的强权与反强权、经济上的垄断与反垄断、意识形态上的和平演变与反和平演变三个方面的斗争。

第一，政治上的强权与反强权。邓小平说道："过去两个超级大国主宰世界，现在情况变了。但是，强权政治在升级，少数几个西方发达国家想垄断世界，这点我们看

---

① 邓小平文选（第二卷）[M]. 北京：人民出版社，1983：169.

得很清楚。”[①] 对于资本主义的强权政治，邓小平给予了有力的反击，他说，“要求全世界所有国家都照搬美、英、法的模式是办不到的”[②]。我们要坚定不移地走社会主义道路，实现社会主义现代化。

第二，经济上的垄断与反垄断。历史上资本主义国家起步早、发展快，对国际市场和原材料一直处于垄断地位，现在新的国际经济秩序尚未完全建立起来，资本主义国家仍然企图通过旧有的国际经济秩序在经济贸易方面对社会主义国家实行垄断政策。针对这一形势，邓小平指出，在与资本主义国家的交往中始终坚持独立自主、自力更生的原则，绝不沦为资本主义的附庸。

第三，意识形态上的和平演变与反和平演变。资本主义由过去的武力威胁转变为和平演变，形式虽然发生了变化，但企图阻碍社会主义发展、瓦解社会主义制度的本质并没有改变。对于资本主义的各种和平演变政策，邓小平始终保持着清醒的认识，他告诫人们："要把我们的军队教育好，把我们的专政机构教育好，把共产党员教育好，把人民和青年教育好”[③]，必须通过不断加强思想政治教育，提高人民的政治意识和政治素养对抗西方资本主义国家的和平演变，粉碎其妄图消灭社会主义独霸世界的阴谋。

二、邓小平对社会主义与资本主义关系中共存与合作的理论创新

（一）经济上相互依存

社会主义制度和资本主义制度在本质上是对立和斗争的关系，从根本上说，社会主义是对资本主义的“否定”，但这种“否定”不是简单的全盘否定，而是马克思主义原理中的“否定之否定”，即辩证的否定，在抛弃和批判的基础上继承和发展。邓小平认为社会主义国家和资本主义国家之间不是非此即彼、完全排斥的关系，首先，在经济上，二者是相互依存、相互借鉴的关系。

邓小平认为“中国引进外资技术帮助自身发展，反过来中国也会对其他国家的经济做出贡献，中国这几年来对外贸易的发展最能印证这一点，所以说社会主义与资本

① 邓小平文选（第三卷）[M].北京：人民出版社，1993：329.
② 邓小平文选（第三卷）[M].北京：人民出版社，1993：359.
③ 邓小平文选（第三卷）[M].北京：人民出版社，1993：380.

主义国家之间可以是互利互惠的关系”[①]。一方面，目前发达资本主义国家在经济上仍处于领先地位，在经济全球化的进程中，发达国家掌握着最先进的科学技术和巨额资金，并且在制定全球经济规则时掌握着主动权，经济落后的社会主义国家想要获得发展，就需要发达资本主义国家在科技、资金以及管理经验上的援助，因此社会主义国家在经济上仍依存于资本主义国家。另一方面，社会主义国家通过对外开放等政策，为发达资本主义国家提供了物美价廉的原材料和广阔的商品市场，两种制度的国家并没有因为意识形态领域的不同而相互对立，反而在经济上相互合作，尤其是跨国公司的出现更加速了经济的发展，使资源在世界各国得到有效配置，社会主义国家和资本主义国家之间的经济依存度也越来越高。

（二）文明上相互借鉴

回顾世界历史发展进程，从奴隶社会到封建社会再到资本主义社会，每一种新的社会制度无一不是在旧社会制度的母体中孕育形成的。社会主义通过汲取资本主义社会中有助于自身发展的有利因素获得快速成长和发展，最终作为一种更成熟、更高级的社会形态取代资本主义。马克思和恩格斯在他们的早期论述中就指出要学会吸收利用人类社会的一切文明成果来建设社会主义，资本主义的文明成果自然也包括在内，因此在建设社会主义的过程中，要积极学习借鉴资本主义的一切优秀文明成果。邓小平指出，我国作为经济文化都相对落后的发展中国家，要想在发展过程中超越西方发达资本主义国家，缩小与这些国家的差距，就必须要大胆吸收借鉴人类社会的一切文明成果，包括发达资本主义国家的资金、先进的技术以及科学的管理经验和管理方法，对于资本主义国家中有利于我国发展的政治和文化因素也要在批判的基础上积极学习借鉴。

但是在学习借鉴资本主义文明成果的过程中，难免会引起一些人的担忧，学习资本主义的东西会不会偏离社会主义道路，对于这一点，邓小平解释道：“我们学习先进的技术、先进的科学、先进的管理来为社会主义服务，而这些东西本身并没有阶级性。”[②]对于资本主义的文明成果应该区分对待：对于不含任何阶级性质的科学技术，我们可以直接利用；对于并非资本主义所特有的商品股票、市场经济，我们可以学习借鉴；对于包含资本主义性质的私营经济，我们可以适当利用；而对于资本主义落后腐朽的东西，我们则要坚决抵制。在学习资本主义文明成果的过程中，我们要始终坚

① 邓小平文选（第三卷）[M].北京：人民出版社，1993：149.

② 邓小平文选（第二卷）[M].北京：人民出版社，1983：351.

持“以我为主，为我所用”的原则，积极吸收借鉴资本主义的一切优秀文明成果，不放过任何一个有利于自身发展和增强综合国力的机会。

需要特别指出的是，邓小平虽然非常重视处理好社会主义与资本主义的关系，吸收和利用资本主义的先进文明成果，但他并不否定社会主义与资本主义的根本区别，没有忽视这两种制度的对立竞争关系。正如他所说的：“我们在学习资本主义社会的某些科学技术和管理经验的时候，一定不能信奉资本主义国家、受资本主义腐蚀，决不能丧失社会主义中国的民族自豪感和民族自信心。”① 因此邓小平在改革开放过程中坚决要求长期坚持四项基本原则，坚定不移走社会主义道路。

（三）交往中加强合作

在当今经济全球化的大潮流和世界多极化的大趋势下，各国间的交流与联系日渐增强，合作也逐渐加深，在这样的时代背景下，各国只有不断加强交流与合作，顺应世界发展的大趋势，互相学习，取长补短，才能实现共同进步，共同发展，因此，社会主义国家和资本主义国家想要获得发展，也必须遵循这一发展趋势。在处理与美国等资本主义国家的关系时，邓小平指出，“美国的制度中国不能搬，美国制度究竟好不好，美国人自己说，我们不干预。两国相处，要彼此尊重对方，尽可能照顾对方，这样来解决纠葛。只顾一方是不行的”。② 他强调推进整个世界和人类文明的发展，如果紧盯着历史恩怨和制度差异不放，必定会导致国家间的疏远和对立，对世界经济文化的发展和本国综合国力的提升都是不利的。

虽然社会主义与资本主义在制度上是对立的，但制度上的差异并不妨碍国家间经济、政治、文化等各方面的交流与合作，社会主义国家和资本主义国家完全可以加强合作，和平共处。同样，社会主义制度和资本主义制度也可以在一个国家并存，也正是因为邓小平始终对资本主义制度保持着客观开放的态度，才有了“一国两制”这一伟大构想。“中国的主体必须是社会主义，但允许国内某些区域实行资本主义制度，比如香港、台湾。”③ 这充分表明邓小平不仅提倡要积极学习借鉴资本主义的先进文明成果，对资本主义制度也是持以平等尊重的态度，致力于在和平共处五项原则的基础上同资本主义国家加强交流与合作。但是这种交往与合作绝不意味着社会主义制度和资本主义制度之间的对立和斗争消失了。在经济全球化和世界多极化的大趋势下，邓小平指出，东西方之间、社会主义国家和资本主义国家之间的斗争不会消失，反而会更

① 邓小平文选（第三卷）[M]. 北京：人民出版社，1993：345.
②③ 邓小平文选（第三卷）[M]. 北京：人民出版社，1993：59.

加复杂化和多样化，我们要做好长期警惕西方和平演变、渗透颠覆政策的准备。只有加强合作、继续扩大开放，才能获得更好的发展。因此，中国的对外开放政策不能变，与西方资本主义国家的交往与合作不能断，我们要始终坚持社会主义制度，发展有中国特色的社会主义事业。

（四）发展中长期共存

社会主义作为一种新的社会制度，在具体建设的过程中如何落实还需要在实践中不断摸索，这也决定了其取代资本主义制度的道路必定是漫长曲折的。邓小平指出："封建社会代替奴隶社会，资本主义代替封建主义，社会主义经历一个长期发展过程后必然代替资本主义。这是社会历史发展不可逆转的总趋势，但道路是曲折的。"[①] 任何社会形态的转变都需要漫长的历史过程，资本主义比封建主义更先进，但在资本主义出现后，封建社会仍然存续了几百年的时间，同样，社会主义相比于资本主义更具有优越性，但它还不可能在短时间内取代资本主义。就现实情况来看，社会主义不会像马克思、恩格斯所预期的那样在世界范围内的一些发达资本主义国家同时获得胜利，相反会在经济文化比较落后的国家首先爆发，因此，现在社会主义国家的任务并不是打败或取代资本主义，而是通过积极学习借鉴资本主义的优秀文明成果，大力发展本国生产力，努力缩小与资本主义国家间的差距。

从世界历史发展进程来看，从 1917 年十月革命后到 20 世纪五六十年代世界发展进入相对稳定期，社会主义和资本主义在发展中长期共存。但双方的斗争并没有消失，只是斗争的形式发生了变化：由过去单纯的军备竞赛转变为现在综合国力的竞争。尽管发达资本主义国家较早完成了资本的原始积累，在综合竞争中暂时占据优势，但从长远来看，社会主义制度在发展过程中能够通过不断调整和改革实现自我完善，不仅在综合国力上可以超越资本主义，普通人民群众也能够实现更为广泛的富裕和真正的民主自由。

① 邓小平文选（第三卷）[M]. 北京：人民出版社，1993：382.

三、邓小平处理社会主义与资本主义关系的基本原则

（一）国家利益至上原则

国家利益是国际交往的永恒主题，国与国之间的交往以维护本国利益为基本出发点，社会主义国家和资本主义国家间的交往也不例外，因此，邓小平处理社会主义与资本主义关系的重要原则之一就是国家利益至上原则。新中国成立以来，随着国际形势的变化，我国的外交政策也在不断调整，从20世纪50年代联苏抗美的“一边倒”，到60年代反帝反修的“两个拳头”打人，再到70年代联美抗苏的“一条线、一大片”政策，这些外交政策的制定都是以国家利益为基本点。但是，由于当时人们对社会主义与资本主义关系的认识比较片面，制定外交政策过于强调社会制度和意识形态等因素，对国家发展的定位不太准确，错失了一些发展经济的良机。邓小平以发展的眼光，站在历史的高度上，重新规划了国家的发展基点，提出一切以经济建设为中心，制定任何对外政策都要以本国的国家利益为出发点和落脚点。

由于在国家利益的基础上制定了正确的外交政策，我国在外交上逐渐摆脱了社会制度和意识形态等因素的束缚，加深了与美国等资本主义国家之间的贸易往来。1979年邓小平访美时指出，“我们两国社会制度不同，意识形态不同，但是两国政府都意识到，两国人民的利益和世界和平的利益要求我们从国际形势的全局、用长远的战略观点来看待两国关系”①。1989年10月邓小平在与尼克松谈话时进一步指出，社会制度的不同并不妨碍两者之间寻求共同的国家利益，处理国家关系不能只盯着社会制度的不同，也不能揪着历史恩怨不放，中美两国虽然在意识形态上存在差异，但从两国的长远发展和当前的国际形势来看，两国之间有着广泛的共同利益，为了共同的国家利益两国应该求同存异，建立友好的合作关系。总之，处理社会主义国家与资本主义国家之间的关系时要着重关注双方共同的利益，“包括政治关系，不搞意识形态的争论”②。我们在坚持本国国家利益的同时也要维护和尊重其他国家的正当利益，积极与各国建立友好的外交与合作关系，以经济建设为中心，以国家利益为基点，为实现社会主义现代化创造良好的外部环境。

① 邓小平思想年谱[M]. 北京：中央文献出版社，1998：110.
② 邓小平文选（第三卷）[M]. 北京：人民出版社，1993：353.

（二）独立自主原则

独立自主是毛泽东在新民主主义革命时期总结革命经验的基础上提出来的，后来发展为一项重要的外交原则。邓小平在新的时代条件下又赋予其新的内涵，即“根据自己的特点来决定自己的道路和走这条道路的方式”①。但独立自主并不意味着闭关自守，而是要以更加开放的姿态与包括资本主义国家在内的世界各国发展平等的外交关系，坚持对外开放政策，促进与各国在经济、政治、文化等方面的交流。但在对外交往的过程中，我们仍要警惕西方的霸权主义、强权政治，坚持独立自主原则和国家利益至上原则，绝不沦为资本主义国家的附庸。

邓小平多次强调在对外开放的过程中要坚持独立自主的原则，早在 1980 年改革开放初期邓小平就明确指出，中国在发展的过程中是没有“捷径”可走的，只能一步一个脚印踏踏实实地长期坚持下去，尤其是在发展经济和科学技术方面，必须要积极向西方发达资本主义国家学习，历史的经验已经无数次告诉我们只有开放才能获得发展，这也是目前我们唯一的出路。两年后邓小平在总结对外开放经验教训时进一步指出，“必须在自力更生的基础上争取外援，主要依靠自己的艰苦奋斗”②。我国在利用国外资金和学习科学技术等方面已经取得了初步成效，经济发展也已有起色，但这并不是西方发达资本主义国家所愿意看到的，所以我们在坚持对外开放的同时，仍要牢记毛主席所倡导的自力更生原则，在发展的过程中以自己的艰苦奋斗为主，在自身艰苦奋斗的基础上积极争取其他国家的帮助，始终把独立自主原则作为我国发展一切对外关系的立足点。

（三）和平共处原则

列宁在汲取马克思恩格斯关于社会主义与资本主义关系思想的基础上，领导苏联人民建立苏维埃政权后一直坚持实行与资本主义国家和平共处的原则。新中国成立后，以毛泽东为核心的党中央领导集体继承了列宁两种制度国家和平共处的思想，并在此基础上独创了适用于与世界各国交往的和平共处五项原则。邓小平继续坚持和平共处五项原则，并进一步丰富和发展了这一原则。首先，邓小平指出，“唯一的出路，是不同社会制度的国家在五项原则基础上和平共处、相互合作，而不是干涉别国内政、挑

① 邓小平思想年谱［M］. 北京：中央文献出版社，1998：246.

② 邓小平文选（第二卷）［M］. 北京：人民出版社，1983：450.

起别国内乱”[①]。他坚持在和平共处五项原则的基础上与世界各国发展友好的外交关系，并努力寻求共同利益，改善与资本主义国家的关系，争取为中国现代化建设创造一个和平稳定的外部环境和国际保障。其次，邓小平提出的“一国两制”构想扩展了和平共处五项原则的适用范围，将国际范围内的社会主义与资本主义关系应用到一个国家内部，由处理不同国家间的问题拓展到解决不同地区之间的问题。这一构想不仅为解决我国的统一问题提供了实施方案，也为世界上其他国家解决类似的历史遗留问题提供了新的思路。“一国两制”构想既尊重了一个地区的传统历史制度，又照顾到现实的统一需要，满足了各方面的利益和要求。这一伟大构想正是对和平共处五项原则的灵活运用，通过香港、澳门的成功实践也更加证明了这一构想是完成祖国统一大业的最佳途径。

除了坚持在和平共处五项原则的基础上发展与世界各国的友好外交关系，通过“一国两制”构想扩展和平共处五项原则的适用范围外，邓小平还成功地将这一原则应用到了我国的领土纠纷问题上。如与菲律宾、马来西亚等东南亚国家在南沙群岛的问题上，邓小平提出可以“搁置争议，共同开发”，大家合资经营，互利共赢，用和平的方式解决争议，这样既减少了武力的使用，又避免了多轮谈判。当然，邓小平所说的“搁置争议”绝不是放弃主权，在主权问题上我国绝不马虎，也绝不会让步，只是在目前没有更好的解决办法前我国倡导用和平的方式解决争端。“一国两制”“搁置争议，共同开发”这些设想都是邓小平对社会主义与资本主义关系的正确认识和处理，也是对和平共处五项原则的坚持和发展。

结语

邓小平通过对世界形势的深入研究以及对当今时代主题的深刻把握，指出当今世界社会主义与资本主义是共生共进、共同发展的关系，二者之间的对立和竞争关系并不会消失，合作共赢才是社会主义与资本主义关系的主要方面。中国要想实现社会主义现代化的目标，就必须实行开放政策，同世界各国发展友好的外交关系，努力维护世界和平稳定，推进各国共同发展。在邓小平社会主义与资本主义关系理论的正确指导下，我国综合国力不断增强，国际地位也空前提高。事实证明，这一理论是指导我

① 邓小平文选（第三卷）[M]. 北京：人民出版社，1993：361.

国实现社会主义现代化目标的有力武器，是顺应时代潮流和国内外实际情况的科学理论，在推动我国改革开放、实现祖国和平统一、改善与资本主义国家关系方面都取得了显著成就，对新时代习近平总书记提出的外交思想及推动构建人类命运共同体思想仍具有重要的理论指导意义。因此，对于邓小平社会主义与资本主义关系理论，我们在当前乃至今后很长一段时期内，都要积极继承并不断丰富发展，这是顺应历史潮流、符合时代要求、把握现实需要的必然选择。

参考文献：

[1] 刘晶. 国外学者对资本主义与社会主义关系认识的范式、流派与新趋势［J］. 当代世界社会主义问题，2022（1）：21-32.

[2] 石建国. 百年未有之大变局背景下对社会主义与资本主义关系的再思考［J］. 青岛行政学院学报，2021（4）：43-50.

[3] 柴尚金. 世界大变局与资本主义、社会主义两种制度关系重构［J］. 马克思主义研究，2019（10）：141-150，168.

[4] 李明斌. 论社会主义与资本主义关系的新变化［J］. 科学社会主义，2015（5）：142-147.

[5] 宋海琼. 改革开放以来党在社会主义与资本主义关系上的理论创新［J］. 新视野，2014（1）：17-19.

[6] 李明斌. 从社会主义与资本主义关系的新发展看世情变化［J］. 江西社会科学，2013，33（5）：181-185.

[7] 赵瑞华，陈香兰. 社会主义与资本主义两制关系研究［J］. 社会科学家，2013（4）：40-43.

[8] 解莉. 对邓小平论社会主义与资本主义关系的思考［J］. 科学社会主义，2012（3）：129-131.

（王辉，武汉传媒学院马克思主义学院教师）

浅析“绿色发展”理念的历史逻辑与实现路径

◎邵峥嵘

摘　要：从党的十七大报告第一次系统地阐发关于生态文明的相关概念，到党的十八大以来的各项会议中对生态文明建设做出科学概括和全面具体部署，再到十八届五中全会上，把“绿色发展”列入五大发展理念之中，中国的生态文明发展和对于“美丽中国”的建设经历了由概念到内容不断完善、从理论到实践不断深入的过程。本文从“绿色发展”理念的历史逻辑出发，结合我国国情，对社会发展与自然之间的关系以及绿色发展的哲学内涵进行梳理，形成科学的共识，并探讨新时代实现绿色发展的有效路径，进而共同推动生态文明建设的蓬勃发展。

关键词：绿色发展；生态文明建设；社会发展

当前我国经济快速发展，但同时也暴露出环境污染和资源匮乏等问题。为了从源头上解决这些问题，走“绿色发展”的道路已经到了刻不容缓的地步。

一、绿色发展的时代需求

生态环境是人类生存繁衍和社会经济发展不可或缺的重要条件之一。近年来，由于人类盲目地活动和过度地生产，生态危机已经逐渐演变成为全球亟待解决的问题。生态危机具有一定的潜伏期，在不同的阶段会出现不同的表现形式。当生态环境遭到严重破坏时，人类的生存和发展必将受到严重制约和威胁。

改革开放以来，我国经济得到了飞速的发展，取得了举世瞩目的成就，但与此同时也暴露出一定的问题，即长期追求 GDP 的增长而忽视了生态环境的承载能力。随着我国城镇化的不断深入和工业化进程的加快，部分地区的资源环境承载能力已经逼近极限，随之而来的则是与能源资源和生态环境越来越不可调和的矛盾，以牺牲生态环境和过分依赖要素投入为代价的粗放式发展难以为继。大气、水、土壤污染，生态系统退化，生物多样性丧失等各类生态环境问题和灾害事件频发，成为制约我国社会经济可持续高质量发展的重要因素。

近年来，在国家生态文明建设和生态环境治理的持续推动下，在中央生态环境保护督察的强力监督下，“绿水青山就是金山银山”的理念不断深入人心，生态环境恶化的局面得到一定扭转。但我国人口基数大，工业化进程尚处于转型阶段，生态环境仍面临社会经济发展的持续压力，雾霾、黑臭水体、湖泊富营养化、重金属污染等深层次环境污染问题仍然存在，部分脆弱生态系统仍然面临严峻的威胁，资源能源供需不平衡的矛盾日益凸显。此外，近年来气候变化导致的极端事件频发，造成了严重的损失，持续推进低碳减排、缓解气候变化也成为迫在眉睫的重要任务。伴随着我国经济实力的增强，人民的生活品质和消费水平也得到了显著的提高，这些能力提升的背后却隐藏着生态环境的质量与人们的幸福指数、生活质量等指数的相关性。在这个高消费的时代，我们面临着在创造物质财富的同时也造成了对自然过度开发和资源日趋匮乏等问题。我们必须承认，自然资源作为经济发展所必不可少的生产要素，它的消耗是不可避免的。而这种由生产所导致的对资源的消耗和对环境的污染，是否会随着不断扩大的生产规模、不断提高的生产能力、不断堆积的过度消费等因素而加剧也未可知。

面对我国当前资源约束趋紧、环境污染严重、生态系统退化等严峻的形势，我们必须树立尊重自然、顺应自然、保护自然的“绿色发展”理念，并把生态文明建设放在突出地位。党的十八大以来，我国对于生态文明建设的认识更加全面而深刻。理念是行动的先导。借着全面深化改革这辆顺风车，我们可以看到，经济发展与保护环境之间的关系更加密切，越来越多领域的改革需要绿色平衡的生态环境，而生态环境的急剧恶化也制约着其他领域深化改革的顺利进行。在“十三五”规划中，绿色与创新、协调、开放、共享一起构成了引领我国发展方向的“五大发展理念”，这也体现出党和政府对于解决环境破坏、资源匮乏等一系列生态问题的态度和决心。“十四五”规划和 2035 年远景目标纲要进一步提出，要加快发展方式绿色转型，推动绿色发展，促进人与自然和谐共生。树立“绿色发展”理念，从总体上对环境进行改善是全面建成小康社会必不可少的选择，走“绿色发展”道路，从我国实际出发对经济结构进行改造升级是建设“美丽中国”的必经之路。

二、“绿色发展”理念的历史逻辑及其哲学内涵

（一）“绿色发展”理念的历史逻辑

在工业革命时代，人类对自然进行了强力的征服，传统的生态观念驱动着人们的经济行为，并把眼前的经济利益作为衡量征服自然界的手段是否合理的标准，这种以人类的生产活动为中心，把人的利益当作处理人与自然关系的根本尺度的状况盛行一时。

恩格斯在《自然辩证法》中曾明确地提出：“我们不要过分陶醉于我们对自然界的胜利。对于每一次这样的胜利，自然界都报复了我们。每一次胜利，在第一步都确实取得了我们预期的结果，但是在第二步和第三步却有了完全不同的、出乎预料的影响，常常把第一个结果又取消了。”① 工业革命时期这种以长远的生态环境换取眼前利益的理论和实践加大了生态危机爆发的可能性。

生态文明建设首次被写入党的十七大报告中，使我国对生态文明建设的认识达到了新的高度，也对我国经济发展方式的转变进行了科学的历史性把握，为解决我国在新的历史时期所遇到的一系列环境与资源问题提供了依据和基础。

党的十八大以来，从战略和全局出发，生态文明建设被赋予了更加深远的内涵和意义。生态文明的建设不仅仅局限于经济发展层面，更是延伸到了各个领域和日常生活之中，建设“美丽中国”，人人有责。

在十八届五中全会上所提出的“绿色发展”理念，不仅充分汲取西方发达国家在工业化进程中因忽视生态环境而付出惨痛代价的经验，也总结了我国自改革开放以来片面追求短期经济增长而以牺牲环境为代价的实践活动。它是对十八大以来提出的生态文明建设的延续与创新，它从根本上对人与自然间的关系进行了归纳与总结，对我国坚定不移地走可持续发展道路提出了更加具体和全面的要求。

“绿色发展”把马克思主义生态观与我国的现实发展实际相结合，形成了一种新型的发展理念。这种新型发展理念力求突破经济的健康发展与资源节约和环境保护之间的矛盾，更加强调了环境与资源在经济发展中的地位和价值，进而推动经济发展方式的优化升级，其重点是协调经济发展与环境保护之间的关系。在“绿色经济”中，资

---

① 刘增惠．马克思主义生态思想及实践研究［M］．北京：北京师范大学出版社，2010.

源和环境不仅仅是生产要素，更转化成为一种经济发展的内在力量，它所追求的是经济发展与环境保护同行，“既要金山银山，也要绿水青山”。

（二）“绿色发展”理念的哲学内涵

就某种意义而言，经济和社会发展与生态环境遭到破坏的矛盾背后隐藏的是人与自然关系的矛盾。从长远出发，想要摆脱经济发展的掣肘，就必须正确处理经济发展、人口增长与环境污染、资源匮乏等问题之间的关系，深刻认识未来发展规划与生态环境之间的关系，使自然界发展保持良好的形势，促进人与自然之间和谐相处。其中，维持生态平衡是人与自然和谐相处的表现，也是实现经济社会持续发展的一个重要基础。而人与自然的和谐发展则构成了人类生存和发展所必备的基本条件之一。马克思和恩格斯强调人的主体性和主观能动性，认为人类通过实践改造自然的同时也改造了自身。他们所倡导的人化自然是建立在尊重自然客观规律的基础之上的。而对于人类而言，人类改造后的现实自然是人与自然相互作用的结果，并不是简单地对自然进行粗暴的攫取，而是在改造自然的过程中，积极发挥人的主观能动性，既改造自然又保护自然。

自然界是创造财富的源泉之一。马克思关于自然价值的核心观点是承认自然在人类实践活动中的有用性，而这种有用性成为劳动的基础。马克思在《1844 年经济学哲学手稿》中大量阐释了人与自然之间的关系，并提出“没有自然界，没有感性的外部世界，工人就什么也不能创造”[①]。自然界是人的无机身体和劳动的对象，劳动的主体和客体都受到自然界的制约，没有自然界，人的劳动也无从谈起。而对于只有劳动才能创造价值这一观点，恩格斯在《自然辩证法》中谈道，“劳动和自然界在一起才是一切财富的源泉，自然界为劳动提供材料，劳动把材料转变为财富”[②]。在马克思和恩格斯看来，自然界和劳动是共同创造财富的。

面对作为生命之源的自然界，我们更应该以一种共赢的思维方式去思考，把眼前利益与长远利益相结合，把人与自然界当成一个整体，坚持人与自然界的共生共赢、和谐发展。人与自然的和谐发展既满足了人类的需求，又兼顾了生态环境作为人类生存家园所必备的发展条件。在此意义之上，人与自然的相互作用和共同发展也为我们提供了一种新的思维方式，变革了实践观。这种人与自然在实践基础上的辩证统一关系也让我们认识到，人类必须认清自己在自然界中的地位，审视自身的活动，遵循客

① 陈金龙 . 五大发展理念的多维审视［J］. 思想理论教育，2016（1）：4-8.
② 颜晓峰 . 中国特色社会主义发展规律的新认识［J］. 中国特色社会主义理论，2016（1）：5-10.

观规律，调节价值取向，用发展的眼光与自然界和谐相处、共同发展，共同为“绿色发展”道路的畅通无阻保驾护航。

三、“绿色发展”理念的实现路径

“绿色发展”理念的实践是牵一发而动全身的。我们不仅要深入领会“绿色发展”的理论内涵，也要把理论运用到实践中去，以促进经济、社会的发展与生态保护的和谐统一。

（一）建立健全促进“绿色发展”的相关制度

“绿色发展”理念的践行需要法律和制度的支撑，通过法律和制度的规范运行和各项政策的引导把“绿色发展”的相关行动制度化，为提高“绿色发展”理念的社会认同度提供强大的制度保证。我们要用具体制度对“绿色发展”理念的实践加以约束和规范，从而形成全社会必须共同遵守的法律法规。

在十八届三中全会上通过的《中共中央关于全面深化改革若干重大问题的决定》中，明确把加快生态文明制度建设提到更高的位置上来，从如何防止环境源头被污染，到如何利用环境价值、如何保护环境等都有一整套的制度作为保证，要求在全国实行最严格的自然资源管理制度，把“绿色发展”理念贯穿到从生产、生活到消费的每个环节中。

2021 年，中共中央、国务院先后颁发了《关于完整准确全面贯彻新发展理念做好碳达峰碳中和工作的意见》和《关于深入打好污染防治攻坚战的意见》，对新时期生态环境保护做出了总体部署和政策安排，也为“十四五”期间我国生态环境保护工作提供了基本指导。

（二）推动经济增长方式转型升级，促进低碳绿色经济发展

党的二十大报告指出：要“推动制造业高端化、智能化、绿色化发展”。这一论述为中国经济迈向高质量发展指明了方向，要求我们推动经济增长方式由粗放型向集约型转变，促进低碳、绿色经济的发展。

一方面要加快产业结构优化升级，推动“碳达峰”与“碳中和”目标的实现。“碳达峰”和“碳中和”目标的实现，代表的不仅仅只是指标的变化，它是“牵一发而动

全身”的，需要在产业结构中进行根本性的调整和优化升级。双碳目标既对我国经济的高质量发展提出了新的要求，也为培育绿色发展新动能提供了新的契机。产业结构的优化升级，站在绿色发展的角度来看，其目标不仅是为了解决环境污染的问题，在“十四五”规划中，它被赋予了更加深层次、多维度的意义。我们要进一步提升能源与资源的利用效率，充分布局并加快新能源技术的研究与应用，减少对不可再生资源的依赖程度，以绿色、循环、低碳为导向，构建环保型现代产业体系。

另一方面要立足双循环新发展格局，积极构建绿色经济发展新市场。在当下，绿色发展已经成为实现经济健康高质量发展的现实选择，低碳经济的发展也成为当今进行科技革命和实施产业变革的重要方向。在新时期、新形势下，围绕国内国际双循环的新发展格局，立足新的发展契机，应积极探索政府引导、市场参与有机结合的新机制、新模式，充分发挥各类市场主体的积极作用，从融资、生产、消费、流通等各个方面，不断培育新的应用场景，构建绿色低碳经济的广阔市场，激活绿色发展潜力，为我国经济转型发展创建新的增长点。

（三）加强生态系统保护修复，建设生态宜居美丽家园

环境污染和生态系统破坏往往具有延续性和滞后效应，需要持续的保护修复才能恢复原始的健康状态。新时期针对各类环境污染痼疾问题以及深层次生态系统退化问题，应全面落实《全国重要生态系统保护和修复重大工程总体规划》，持续推进各项生态系统保护修复工程，加强山水林田湖草沙一体化保护和系统治理，以“美丽中国”为总蓝图，建设生态宜居的美丽家园。

（四）推动“绿色文化”传播，促进消费模式的转型

提高全民生态意识，推动“绿色文化”的传播，对于凝结全社会的力量共同促进生态文明建设具有事半功倍的效果。

社会主要通过主流媒体、互联网等媒介传播“绿色文化”。作为媒体，应多利用漫画、数据统计、图表等百姓喜闻乐见的形式对“绿色发展”理论的内容进行简明扼要的宣传和普及，使“绿色文化”的传播突破年龄、学历等限制。针对青少年等群体，应充分利用“互联网+”的优势，在网络上展开一系列的专题报道和介绍，同时，运用大数据对我国环境破坏、资源短缺的现状进行统计，用数据说话，使人们了解到培育和发展“绿色文化”的重要性和紧迫性，从而树立起“绿色文化”观。

学校教育具有统一性和系统性，因而我们可以通过学校更好地推动“绿色文化”

的普及，使全体学生对“绿色文化”的把握更加全面和具体。此外，还应注重家庭教育的重要作用。作为推动“绿色文化”传播的重要途径，家庭是社会的构成单位之一，也是社会责任的承担者。家长对青少年儿童的教育应尽量做到“言传身教”，并引导青少年儿童从身边的小事开始做起，从而养成良好的社会素养并培养“绿色文化”意识。社会应积极传播“绿色文化”，唤醒人们崇尚自然的道德新风尚，自觉把人类融入大自然中，使其感受自然之美，进而崇敬自然。

与此同时，促进消费模式的转型同样刻不容缓。人们在实践和认识的过程中，首先要解决的问题是做什么和怎么做。“绿色发展”理念强大的生命力就在于实践——在实践中融入“绿色文化”，进而把领悟到的“绿色文化”外化于行动。而社会通过对“绿色文化”的传播，不仅能够引领社会发展的方向，还能够引导个体的文化偏向，进而制约个体的行为。

绿色消费观把人的全面发展作为终极目标，把消费活动是否能够实现人类身心健康和全面发展作为准则，在人类的各级需求层面一以贯之。绿色消费观平衡了人类的物质需求与精神需求，从身心两个方面满足了人类的全面发展。

多年来，传统的高消费不断暴露出日益严峻的生态环境和社会持续发展问题。在现实生活中，人们的消费行为主要受其个人收入水平、商品等因素的影响，较少考虑到对资源环境的破坏。这种传统消费观念和消费模式从长远来看是不利于整个社会发展的。树立绿色消费观念，建立绿色消费模式，就是要摒弃传统的消费观念和消费结构，把全民的消费模式纳入可持续性发展的轨道中来。人类必须牢固树立起资源的稀缺性以及不可替代性这一观念，从而建立一套以较低的资源消耗换取较高质量的生活水平的绿色消费模式。因此，全社会应树立起消费节约意识，以浪费资源为耻，以骄奢淫逸为耻，鼓励适度消费，推动消费的高层次和理性化，进而在实践中自觉促进“绿色发展”理念的不断发展和完善。

参考文献：

[1] 刘增惠．马克思主义生态思想及实践研究［M］．北京：北京师范大学出版社，2010.
[2] 陈金龙．五大发展理念的多维审视［J］．思想理论教育，2016（1）：4-8.
[3] 颜晓峰．中国特色社会主义发展规律的新认识［J］．中国特色社会主义理论，2016（1）：5-10.
[4] 崔治忠．五大发展理念的哲学意蕴［J］．学习论坛，2016（1）：27-31.
[5] 王毅．实施绿色发展 转变经济发展方式［J］．中国科学院院刊，2010（2）：121-126.
[6] 耿向如．试论可持续发展与绿色发展战略［J］．改革与开放，2016（16）：14-15.
[7] 杨峻岭，吴潜涛．马克思恩格斯人与自然关系思想及其当代价值［J］．马克思主义研究，2020

（3）：58-66，76，167.
［8］周光迅，郑珺．习近平绿色发展理念的重大时代价值［J］．自然辩证法研究，2020，36（3）：116-121.
［9］曹孟勤．“生态优先，绿色发展”理念的深层价值［J］．江苏大学学报（社会科学版），2023，25（1）：11-21.
［10］方世南．绿色发展：迈向人与自然和谐共生的绿色经济社会［J］．苏州大学学报（哲学社会科学版），2021，42（1）：15-22.
［11］韩晶，蓝庆新．新发展阶段绿色发展的理论逻辑与实践路径［J］．北京师范大学学报（社会科学版），2022（2）：5-16.
［12］刘金，曹康康，黄志斌．绿色发展的系统特征、价值取向以及实践路径论要［J］．学术界，2018（5）：206-213.
［13］庄贵阳．我国实现“双碳”目标面临的挑战及对策［J］．人民论坛，2021（18）：50-53.

（邵峥嵘，武汉传媒学院教师）

教师发展

高校传媒类专业课程思政师资队伍建设策略探究

◎许秋怡

摘　要：在数字信息化时代，以大数据为中心的融合媒体产业给人们的生活、工作、生产、学习等多方面带来了机遇与挑战，因此，围绕高校传媒类专业课程的思政教育改革迫在眉睫。本文以现阶段高校传媒类专业课程思政教育工作为基础，分析了思政师资队伍建设所面临的几个重要问题（思政师资队伍的建设层次与结构不完善、思政师资队伍素质能力整体不高、缺乏系统的思政师资队伍培训机制等），提出了高校传媒类专业课程思政师资队伍的建设策略（明确思政师资队伍的教育目标与主体使命；统筹规划，建立结构完整的思政师资队伍；合理布局，构建思政师资队伍的信息化培训平台；动态调整，完善思政师资队伍的考评体系），从而为提高高校传媒类专业课程思政教育质量奠定优质师资力量基础。

关键词：高校；传媒专业；思政教育；师资队伍建设

引言

数字智能技术在全球范围内高速、稳定发展，推动着教育工程领域的数字化转型与改革。对于传媒教育领域来说，随着融合媒体时代的到来，其教学模式也面临着不断更新。“传媒产业整体的内容、传播技术、传播渠道、受众等方面均发生了颠覆式的变革。”[①] 与此同时，在数字化媒体时代的发展中，市场对传媒专业人才的数量、质量要求也越来越高。因此，高校传媒类专业课程教育也必须做到与时俱进、求同存异，承担起培养适应新时代发展的、具有优质传媒技术以及具有创新实践等综合能力传媒人才的重要责任。[②] 在新时代高校教育模式转型发展的过程中，如何正确开展青少年

① 刘贝贝，方伟华．西安民办高校影视传媒艺术教育国际化研究［J］．陕西教育（高教），2021（6）：41-42.
② 孟心，张可心，袁利娟．传媒类产教融合型师资队伍分层分类建设机制研究［J］．成都中医药大学学报（教育科学版），2021，23（1）：110-112.

思想政治教育与社会价值引领，成为高校教育的重要课题。因此，加强传媒类专业的思政教育力度，提升思政师资团队的建设质量，对高校传媒类专业课程思政教学有着决定性的作用。① 基于以上背景，本文提出了一系列高校传媒类专业课程思政师资队伍的建设策略，希望能从根源上，为提高高校传媒类专业课程思政教育质量奠定优质师资力量基础，进而推动新时代融合媒体产业的良性循环发展，保证经济、社会等多方面的综合效益。

一、高校传媒类专业课程思政师资队伍建设的重要性

在数字信息化时代，几乎所有的信息传播都能够以数据的形式来完成，逐渐形成了一种所有人都可以同时同步地接收某个传播信息的社会，与传媒类产业的发展息息相关。② 传统的传媒类专业课程包括对新闻、网络舆情以及媒介伦理法规等内容的分析与教学。这些传媒类专业课程的教学内容具有鲜明的意识形态属性，同时也具备开展思政教育工作的核心特质。在当前数据信息泛滥且呈碎片化的大环境下，高校需要完善与加强针对传媒类专业学生的思政教育工作，这样才能够使学生对一些热点新闻、文化现象等进行客观、理性的思考与评价，不被负面因素所影响。“高校思政教育建设的根本目的，是通过教师对学生的专业课程与思想政治进行综合培养，将学生的思想价值观与主流价值观统一起来。”③ 这就要求高校在传授学生专业课程的同时，注重开展思政教育的专业性、有效性与创新性。虽然现阶段高校传媒类专业课程思政教育取得了一定的成效，但是，整体的师资力量仍有待提升。

二、高校传媒类专业课程思政师资队伍建设面临的主要问题

优质的师资队伍，是高校传媒类专业课程开展思政教育教学的重要保障。目前，高校传媒类专业课程思政师资队伍建设所面临的主要问题有：

① 刘涛．媒体融合背景下地方高校传媒专业实践教学改革与创新——以龙岩学院省级一流本科课程“广电综合性实务”为例[J]．视听，2022（5）：179-182.

② 陈昊．课程思政融入高校传媒类专业的价值与路径探究[J]．新闻研究导刊，2021，12（17）：234-236.

③ 陈千云，冉君陵．高校传媒类专业大学生网络思政工作困境与突破[J]．传媒，2021（11）：86-88.

（一）思政师资队伍的建设层次与结构不完善

目前，大多数高校的传媒类专业课程思政教师的人数、年龄、职称、专业对口程度以及学历层次等，构成并不十分合理。传媒类专业涉及播音与主持、广播电视技术、传播与策划、人物形象设计以及影视多媒体技术等多个不同领域。由于学科类型的复杂性，各个学科的思政教师数量不能满足基本需求，存在师资力量短缺的普遍现象。此外，许多传媒类专业课程思政教师更擅长对理论知识的“灌输”，而非实践性、内容性的“灌溉”。① 这种建设层次与结构不完善的现象，影响了高校整体的思政师资队伍建设水平，阻碍了传媒类专业思政教育目标的实现。

（二）思政师资队伍素质能力整体不高

高校传媒类专业课程思政教师的知识储备、语言表达、责任感以及思政素养等综合素质能力均是影响思政教育效果的主要因素。现阶段，大多数高校传媒类专业课程的思政师资队伍主要由各个学科的授课教师构成。一些教师对思政教育缺乏系统性认识，自身的思政素养水平较低。还有一些教师只是在传媒类专业课程讲授的过程中，生硬地穿插思想政治理论知识。但是，专业课程的思政建设，不仅仅是对思想政治理论知识的教学，还需要深层次地融入经济、文化、历史以及法律等多个领域的基础概念来予以诠释。许多高校传媒类专业课程的思政教师缺乏将专业课程与思政教育双向融合的理念，导致目前高校思政教育课程效果不佳，无法适应新时代的教育需求。

（三）缺乏系统的思政师资队伍培训机制

在一些高校，部分学校领导对思政师资队伍建设的改革投入力度不大，认同感较低，没有落实思政师资队伍的专项建设工作，缺乏完整且系统的建设规划目标、培训机制以及政策支持。因此，在实际的课程思政教学中，主要还是依靠教师自身的能力及其自觉性。② 但由于培训机制的不完善，教师没有充分的机会与平台去提升自身的思政素养，高校传媒类专业课程思政师资队伍的建设也只能局限在相关专业课程的教育范围内。在这样的思政建设氛围与背景下，高校传媒类专业课程思政教育的开展必然会受到不良影响。

---

① 孙孟猛．地方本科高校传媒专业的课程思政教学改革——以影视导演基础课程为例[J].传播与版权，2021（10）：113-115.

② 唐时顺．传媒教师在学生创新创业实践中的角色定位反思[J].山西青年，2021（15）：88-89.

三、高校传媒类专业课程思政师资队伍建设策略

为了解决现阶段高校传媒类专业课程思政师资队伍建设工作中存在的问题，作为高校领导及教师，必须充分认识到传媒类专业与思政教育之间的内在关联性，既需要在思政教育中提升学生的传媒专业技术水平，也需要充分发挥学生的媒介素养，提升整体的思政育人实效。

（一）明确思政师资队伍的教育目标与主体使命

高校传媒类专业课程思政教育强调将思想政治理论渗透至传媒类专业课程的教育教学过程中，实现思想政治教育与传媒类专业课程的充分融合，进而对传媒类专业学生产生潜移默化的影响。因此，在建设高校传媒类专业课程思政师资队伍时，必须明确以思政理论为核心的教育目标与主体使命。从高校领导到教师个人，都必须充分认识到开展传媒类专业课程思政教学工作的核心是专业教育与思政素养的深度融合，肩负着将思政教育融入传媒专业领域的教学使命。作为传媒类专业学生，他们更容易受到外界环境的影响，面对复杂现象及问题时，不能够妥善处理甚至无法保持自身应有的冷静和理性，无疑这种情况不利于学生未来在传媒领域的健康发展。作为专业课程思政教师，除了需要具备卓越的专业课程教学与思政教育能力以外，还需要在坚定思政教育目标的基础上，不断提升自身的媒介素养以及与学生的沟通能力。同时，高校还必须加强对思政师资队伍的监督管理工作，及时把握思政理论的创新成果，以此提升传媒类专业课程思政教育的教学与管理水平。

（二）统筹规划，建立结构完整的思政师资队伍

目前，信息化教育已经成为高校教育转型的必然结果。① 在这样的时代背景下，各高校应充分利用大数据等信息化技术，将课程思政建设作为教学体系、管理体系以及人才培养体系的关键内容，统筹规划，建立结构完整的思政师资队伍，提升高校传媒类专业课程思政师资队伍的整体素质能力与教学水平，为思政课程的顺利开展提供重要支撑。各高校应保证思政师资队伍的专业性，年龄构成、职称结构与学历层次的

① 韩建华，陈欣．媒体融合时代传媒高校教师教学发展思考［J］．中国广播电视学刊，2020（2）：48-53.

科学性，促进课程思政师资队伍整体的平衡性与教学能力的全面提升。

（三）合理布局，构建思政师资队伍的信息化培训平台

教师教学能力的提升，是实现教育目标的基础保障。合理布局，完善高校传媒类专业课程思政师资队伍的信息化培训机制，不断优化教学平台，是师资队伍建设的重要内容。此外，课程思政教育教学必须与时俱进，注重教育内容的优化更新。信息化培训平台可以持续为课程思政教师提供与时代接轨的教学内容与方法，使教师可以不断地探索新思路，提升自身的教学能力，推动课程思政教育的深化改革。

（四）动态调整，完善思政师资队伍的考评体系

科学合理的考评体系，是促进高校传媒类专业课程思政师资队伍良性循环建设的重要保障。各高校应坚持整体性的课程思政理念，结合信息化的动态调整策略，完善思政师资队伍的考评体系。考评体系的建立，需要充分结合高校自身的教学特征。以传媒类高校为例，可将传媒专业课程的教学过程、专业课程的绩效考核结果、课程思政建设成效等纳入考评体系，形成“硬性约束”，持续深化整个师资队伍对思政建设重要性的认识。各高校应合理规划师资队伍的考核结果，并以此作为师资队伍团体、个人的岗位调配、职称评审、奖励评优等激励制度的核心依据。同时，还要将师资队伍团队、个人的考核评估结果及时地反馈给相关部门及教师个人，以便对现阶段思政教育的不足进行有针对性的改善与优化，提升传媒类专业课程思政师资队伍整体的积极性与创造性，全面优化思政教育能力。

结语

伴随着融合媒体时代的到来，高校传媒类专业课程的思政教育正面临着前所未有的挑战与机遇。如何优化创新传媒类专业课程思政师资队伍建设，不断提高传媒类专业课程的思政教育效果，为传媒类产业的可持续发展提供源源不断的动力支持，无疑是摆在每一位教育工作者面前的一道重要课题。本文在此抛砖引玉，希望能够获得更多有建设性的建议。

参考文献：

[1] 刘贝贝，方伟华.西安民办高校影视传媒艺术教育国际化研究［J］.陕西教育（高教），2021（6）：41-42.

[2] 孟心，张可心，袁利娟.传媒类产教融合型师资队伍分层分类建设机制研究［J］.成都中医药大学学报（教育科学版），2021，23（1）：110-112.

[3] 刘涛.媒体融合背景下地方高校传媒专业实践教学改革与创新——以龙岩学院省级一流本科课程“广电综合性实务”为例［J］.视听，2022（5）：179-182.

[4] 陈昊.课程思政融入高校传媒类专业的价值与路径探究［J］.新闻研究导刊，2021，12（17）：234-236.

[5] 陈千云，冉君陵.高校传媒类专业大学生网络思政工作困境与突破［J］.传媒，2021（11）：86-88.

[6] 孙孟猛.地方本科高校传媒专业的课程思政教学改革——以影视导演基础课程为例［J］.传播与版权，2021（10）：113-115.

[7] 唐时顺.传媒教师在学生创新创业实践中的角色定位反思［J］.山西青年，2021（15）：88-89.

[8] 韩建华，陈欣.媒体融合时代传媒高校教师教学发展思考［J］.中国广播电视学刊，2020（2）：48-53.

（许秋怡，武汉传媒学院教师）

新时代高校思政教师队伍建设面临的困境及对策

◎王　容

摘　要：高校思政教师承担着立德树人的重任。当前，受政策落实不到位、培训机制不健全等各种不利因素的影响，高校思政教师队伍建设陷入了困境，迫切需要行之有效的策略来予以解决。

关键词：高校；思政教师队伍；困境；对策

前言

思政课是大学生思想政治教育的主渠道、主阵地，是帮助大学生树立正确世界观、人生观、价值观的核心课程。作为思政教育的落实者，思政教师的思想政治素质水平直接影响到思政教育的实施效果。因此，在新时期，加强高校思政教师队伍建设就显得十分重要。

一、高校思政教师队伍建设的重要性

第一，加大高校思政教师队伍的建设力度是全面落实党的教育方针的有效举措。党的十八大以来，为促进高校思政教师队伍建设，中共中央、教育部多次颁布政策文件，为新时代高校思想政治教育工作确定了基本的政策取向。从某种角度看，高校思政课体现了国家的意志与需求，而思政教师实施思政教育的主要目的也是落实国家的教育方针。①

第二，强化高校思政教师队伍建设，是促进高校健康发展之关键所在。一方面，

① 李芳，戴汶奇．新时代十年高校思政课教师队伍建设政策文本的研究分析[J].思想理论教育导刊，2022(12)：92-101.

高校思政教师的思想政治水平关乎学生的思政教育质量和水平。思政教师不仅要传授给学生思政知识，更重要的是引导学生树立正确的世界观、人生观和价值观。作为思政教师，其自身的素质水平不仅关乎教书育人的质量，更影响着学生的成长成才。

第三，强化高校思政教师队伍建设，影响和谐师生关系的维系。素质水平高、教学能力好的思政教师，会更容易受到学生的尊重，师生关系也更为和谐。和谐的师生关系是顺利开展教学的基础。

二、目前高效思政教师队伍建设面临的困境

（一）思政教师队伍结构不合理，激励措施不健全

目前，在国内部分高校，思政课并未引起足够的重视，尤其是在思政教师队伍的建设上，还存在着人数不足、结构不合理等问题，无法保证思政教育工作的实效。同时，经费投入少，也是影响思政师资队伍建设的主要问题之一。经费投入少，激励措施不健全，在一定程度上影响了思政教师开展教学的积极性。

（二）少数思政教师理想信念比较模糊，政治立场不够坚定

从目前的情况来看，部分思政教师对思政理论知识的掌握并不是特别牢固，缺少系统的学习。部分思政教师的科研水平不高，没有做过关于思政方面的课题研究，甚至在实际教学中无法用思政理论知识去解答学生遇到的困惑。还有少数思政教师未能深入认识自身职业的特殊性及自身所承担的重任，对马克思主义理论掌握不深入，更没有应用马克思主义理论去解释相关问题或现象，通常都只是讲述基础的思政理论知识，忽视了其教育部分。

（三）准入、招聘机制不完善

准入、招聘机制不完善，影响了高校思政教师队伍的质量。有的高校并未设置科学的准入机制，“在招聘环节，大部分院校都用的是考察的方式，将重点放到了学生的专业能力上，并未对他们的素质水平等加以考虑，这也无法保证思政教学质量”。[①]

① 陈春宏，王军，胡燕萍．新时代加强高校思政课教师队伍建设的若干思考[J]．攀枝花学院学报，2021，38（6）：88-93.

三、高校思政教师队伍建设陷入困境的原因

（一）社会大环境的影响

社会处于高速发展阶段，人们的价值观念也在发生变化。在市场经济环境下，人们所面临的竞争压力越来越大，竞争意识也更为强烈，这也导致少数教师过于关注自身发展，缺少团队合作意识，进而影响了思政教师队伍建设。此外，随着市场经济的持续发展，西方文化、价值观的涌入，当代大学生的思想观念不可避免受到影响，这也对教师的思政教育工作提出了挑战。

（二）内部因素的影响

在新时期，高校各专业学科都是教育教学体系中不可或缺的部分。但是，受传统教育观念的影响，部分高校和高校教育工作者对思政课教学不够重视，缺少专门针对思政教师的培训、学习，导致思政教师创新能力不足、教学水平提升缓慢。思政教师缺乏对思政教学工作的热情，工作积极性不高。

（三）教师自身的局限性

除以上外部环境和内部因素的影响外，当前高校思政教师自身存在的问题也不容忽视。目前，高校思政教师队伍偏年轻化，以“90 后”居多，处于这个阶段的年轻教师，更喜欢追求新鲜事物，不重视自身思政素养的提升。有的思政教师是刚从院校毕业的大学生，他们虽然拥有相关学历背景，但是实践经验不足，无法满足思政教育要求。此外，少数教师对思政课教学缺乏重视，创新积极性不高，也很少参与相关教育培训工作。

四、新时代高校思政教师队伍建设对策

（一）强化教育培训，优化师资结构

思政课是一门理论、实践性很强的学科，与时代联系密切，所以各大高校需要定

期组织开展思政教育培训，让教师能够掌握最新的思政理论知识和教学方法。对于新任课教师，则必须做好岗前培训，强化对其教学水平的培训考核，考核合格方可上岗。应组建思政课教研团队，定期开展学习交流活动。

此外，优化整合各类教学资源，招募优秀辅导员，根据学生的实际需求，为学生讲解思政理论知识，强化师生间的联系，为更好地实施思政教学、提升思政教学质量奠定基础。

（二）加大科研投入，提升思政教师的综合素养

高校要增加学科建设经费投入，为思政教师创造良好的科研条件，支持并鼓励思政教师积极申请国家、省、市等科研项目，从而全面提升思政教师的综合素养。

（三）健全考核机制，促进教师的可持续发展

一方面，各大高校在思政教师队伍建设过程中，应以教师的自我成长、持续发展为基础，设置更为完善的考核机制、激励机制；另一方面，鼓励、支持学生参与思政教师的评估工作，及时获得学生的反馈和建议。

（四）落实主体责任，构建完善的思政教师队伍

为了构建完善的高校思政教师队伍，各大高校必须将主体责任加以落实。高校管理层是主体责任人，必须严格依据教育部门或学校实际要求做好思政教师队伍建设，招聘、引进高水平、高素质能力的学科领头人，培养优秀骨干教师，强化教学型与科研型思政教师的合作。

参考文献：

[1] 李芳，戴汶奇. 新时代十年高校思政教师队伍建设政策文本的研究分析［J］. 思想理论教育导刊，2022（12）：92-101.

[2] 谢宜泽，曹金龙. 新时代高校思政教师队伍高质量发展：脉络、逻辑与路径［J］. 高校马克思主义理论教育研究，2022（6）：90-96.

[3] 靳慧慧. 新时代高校思政教师队伍建设的困境及实现路径［J］. 理论观察，2022（9）：44-47.

[4] 张文剑. 加强新时代高校思政教师队伍建设的三重维度［J］. 思想理论教育导刊，2022（8）：112-117.

[5] 李艳红. 新时代我国农林高校思政教师队伍建设的价值意蕴、实然困境及应然转向［J］. 高等农业教育，2022（1）：25-30.

[6] 陈春宏，王军，胡燕萍 . 新时代加强高校思政教师队伍建设的若干思考 [J]. 攀枝花学院学报，2021，38（6）：88-93.
[7] 甘艳 . 新时代高校思政教师队伍建设的历程、经验与启示 [J]. 湖北社会科学，2021（8）：151-156.

（王容，武汉传媒学院教师）

新时代课程思政视域下青年教师师德师风建设研究

◎席吕思

摘　要：我国已经进入中国特色社会主义新时代，人们对美好生活有了更多的期盼和追求。新时代的高校教师应以立德树人为已任，兼顾“经师”和“人师”，在大力推进高校课程思政建设的大浪潮下，不断强化自身品格修养，以身作则，知行合一，为学生全面发展、成长成才奉献力量。新时代师德师风建设是推进课程思政建设和素质教育的重要基础。目前，新时代课程思政视域下的青年教师师德师风建设仍面临着一些困境，鉴于此，本文建议从高校师德师风建设统筹组织、考核评价机制、奖惩机制等方面，促进师德师风建设和高校持续健康发展。

关键词：课程思政；青年教师；师德师风

引言

教育的本真是立德树人，课程思政从本质上来说就是为了实现这一点。师者，传道授业解惑者也。作为教师，应育人育才并重。在我国的教育体系中，思想政治教育自启蒙至高等教育阶段一直存在，这也成为我国教育发展的优良传统。思想政治教育更加注重“做人”，始终坚持以德立身、以德立学、以德施教，注重引导学生树立正确的三观，形成高尚的道德品质，增强国家认同感和社会责任感，成为社会主义事业的建设者和接班人。立足百年未有之大变局，国家建设求贤若渴，新时代教师担负着为中华民族伟大复兴培育时代新人的重要使命，责任重大、影响深远。因此，新时代教师必须把握课程思政的政治站位和时代意义，强化立德树人的职责和职业使命，做好学生锤炼品格的引路人、学习知识的引路人、创新思维的引路人和奉献祖国的引路人。大学生的整体特点是心理状态趋于成熟，个性鲜明，对事物有着自身的认知和看法。作为高校教师，理应做好引导工作，在教学过程中不断反思和改进，在生活中坚持和发扬良好的师德师风，从自身做起，弘扬社会主义核心价值观，给学生树立良好的标杆。

一、新时代师德师风建设的必要性

（一）新时代推进课程思政建设的思想基础

课程思政指的是将思想政治教育融入各类专业、各类课程和各个课堂教学的全过程，形成全员参与的协同效应，充分践行立德树人的培养目标。[①]在高校推进课程思政建设，在原有课程基础上挖掘思政元素，形成大思政格局，全方位育人，为社会输出德才兼备的高素质人才，是课程思政建设的基本目标。课程思政建设有赖于教师，教师的教学是推进课程思政建设的基础性工作，因此高校要培养一批素质过硬的教师，发挥教师的力量。教师作为学生学习的榜样，应自身品格高尚、有正确的价值取向，以良好的师德师风帮助大学生树立远大的理想信念和正确的人生观、世界观、价值观。

（二）新时代推进素质教育的重要保障

新时代教育，以立德树人作为根本目标，学校教育是为了促进人的全面发展，挖掘人的最大潜力，弘扬人间真善美，形成良好的社会风气。新时代的青年教师，接受了最契合时代发展的教育，应顺应国家教育改革的步伐，及时转变自身角色，做“经师”和“人师”的统一者，拓展教育眼界，既要传播知识技术，又要帮助和引导学生树立坚定的理想信念、强烈的爱国主义情感和社会责任担当。[②]新时代教育需要回答的是“为社会培养什么样的人才”“怎样培养”的问题，因此首先，教师应成为品德高尚、抱负远大的优秀示范者，以自身行为影响和带动学生。教育，是以心灵唤醒心灵、以精神引领精神、以生命温暖生命的神圣事业，我们永远都不能忽视言传身教的榜样力量。德高方能为范，师德师风建设，是新时代推进素质教育的重要保障。

二、新时代高校青年教师师德师风建设面临的困境

当前高校教师队伍逐渐趋向于年轻化，青年教师也成为高校教育事业的主力军，

---

① 马慧子 . 高校师德师风建设视角下课程思政的价值旨归和实践逻辑［J］. 山东教育，2022（21）：47-49.

② 王蓉，高景瑞 . 新时代课程思政视域下青年教师师德师风建设研究［J］. 数据，2022（4）：159-161.

因此，青年教师的师德师风建设至关重要。目前，高校青年教师师德师风建设仍存在一些问题。

（一）自我意识强烈，思想政治素质弱化

当前大多数高校青年教师都是独生子女，在成长过程中以自我为中心，集体意识不强烈，缺乏社会责任感和奉献精神，这些都容易对学生产生一定的影响。大学生正处于三观形成的重要阶段，他们对一些多元化的社会思潮无法正确分辨并有效剔除，容易受到各种言论的影响，尤其是教师在授课过程中所传达的价值观会深刻影响学生的思想意识。社会的发展带来了多元思潮的碰撞，一方面，这有利于促进改革创新，活跃思想，创造新事物，但另一方面，也容易引起价值偏差，弱化学生的爱国主义情感。

（二）考核体系不完善，重科研轻品德

目前，多数高校引进教师只注重考查教师的科研水平、过往项目、毕业院校等，对思想道德方面明显关注不够。近年来，国家越来越注重师德师风建设，高校为了迎合社会发展的大趋势，也纷纷提出了一些有关师德师风建设的考核措施或建设举措，但以上这些往往比较宽泛，且主观意识强，无法形成客观而准确的评价。在教师的考核、职称评审过程中，主要关注的还是教师的科研贡献，而忽视了教师个人的品德素质，这导致部分教师一味追求职称和工资收入而出现了学术造假、学术腐败等问题。

（三）师生关系淡薄，教师重科研轻教学

初高中时期，师生关系和谐，教师与学生之间的交流较多，教师比较了解学生的学习情况，可以根据学生的学习情况做好学情分析。但目前高校的很多课程，教师与学生交流很少，课堂以教师讲授为主。师生之间教学相长的氛围不佳，情感偏向冷漠，无法形成真正和谐的师生关系。“高校的教学氛围薄弱，更为偏重科研，但教学工作才是作为教师的第一要务，教师应增强与学生之间的交流，以关心学生为前提，平等交往，保证师生关系的健康发展，学生也会感受到教师的尊重与关爱，回馈以更多的真诚和学习积极性，实现良性的发展。”①

---

① 唐瑶．课程思政背景下高校师德师风建设研究［J］．辽宁经济职业技术学院．辽宁经济管理干部学院学报，2022（2）：71-73.

（四）缺乏社会实践，社会服务投入不足

受长期应试教育的影响，我国的学校教育一直比较注重理论知识的学习，在社会实践方面有所缺乏。高校教师应立足岗位，结合专业优势，带领学生多开展社会实践，做好社会服务，在社会实践和志愿服务中，强化责任意识和奉献意识。一方面，教师在社会实践中也会受到社会的监督，能够更好地发现自身不足；另一方面，学生参与社会服务，能够更好地感知师德师风，形成对社会更为全面的认知，获得心灵上的感悟。

三、新时代课程思政视域下教师师德师风建设实践路径

"教育者先受教育"是当前课程思政视域下对于教师职业规范的要求，即教师在提高教学水平的同时注意加强自身的道德修养，通过知行合一的教育，提升学生的思想道德素养。

（一）增强专业水平，提升道德素养

于高校青年教师而言，应将"德"与"才"并重。一方面，教师的教学能力、科研水平会贯穿于教师的整个职业生涯，体现了一名教师所具备的基本能力，是促进教师自身发展的基本要素；另一方面，教师师德亦意义深远。"师者，人之楷模也"，教师除了传授知识外，还担负着"教育人"的重大责任，应以身作则，用自身的道德修养、人格魅力对学生产生积极的影响。[①] 同时，高校青年教师应在工作之余加强文学和艺术修养，不断增强自身涵养，以文化人、以德育人，提高自身的思想觉悟和道德品质，潜移默化地影响学生，从而真正起到"领路人"的作用。

（二）完善师德师风考核评价体系

师德师风建设是师资队伍建设的重要内容。高校青年教师的数量大，已经成为教育队伍的中坚力量。学校应完善高校教师师德师风考核评价体系，将评价主体多元化，形成全面的考核评价，提高教师工作积极性，改善师德师风。[②] 首先，从学生、同事、

---

① 晏娜 . 课程思政背景下加强高校师德师风建设路径探析[J]. 大学，2022（3）：44-47.

② 韦金伶，韦福斌 . 课程思政视域下高校师德师风建设初探[J]. 教育教学论坛，2021（40）：18-21.

领导、自身等多个主体出发，综合考评每名教师的师德，学生可以根据课堂效果和社会实践等对教师做出评价，教师也可以自我反思、自我改进，这样不仅能够强化师德师风意识，还能够保障师德师风评价体系的公平性；其次，学校可以将师德师风建设融入课程思政推进中，要求教师在授课过程中主动挖掘思政素材，提升高校课程思政的建设水平；最后，学校可以成立专门的师德师风建设办公室，关于师德师风建设、优秀教师表彰、职称晋升、师德师风不正惩治等事宜，都由该办公室来负责处理。

（三）发挥教师的主观能动性，不断强化思想政治意识

在课程思政视域下看高校师德师风建设，这两者之间是相辅相成的、相互促进的。① 一方面，高校应落实立德树人的主体责任，强化教师的社会责任意识，宣传模范事例，引导教师发挥主观能动性，爱岗敬业、关爱学生；另一方面，应促进教师同行之间的交流、资源共享，学校定期召开教师交流会、座谈会，让模范教师讲述心得，树立校内标杆，在同行的交流中促进师德师风建设。

结语

立足世界发展的潮头，新时代呼唤新青年。成为一名合格的新时代教师，不仅是这个急剧变革的伟大时代对广大青年教师的深切召唤，也是民族复兴伟业赋予广大教师的光荣使命。加强高校教师师德师风建设，是高校落实立德树人根本任务的基础性工程。高校应融入课程思政建设的大背景，大力推进师德师风建设，组建和培养一支优秀的青年教师队伍，助力高等院校教育教学质量的提升。

参考文献：

［1］马慧子．高校师德师风建设视角下课程思政的价值旨归和实践逻辑［J］．山东教育，2022（21）：47-49.

［2］陈玲，彭勃．新时代师德师风建设背景下课程思政的思考［J］．鄂州大学学报，2022，29（3）：79-81.

［3］唐瑶．课程思政背景下高校师德师风建设研究［J］．辽宁经济职业技术学院．辽宁经济管理干部学院学报，2022（2）：71-73.

［4］王蓉，高景瑞．新时代课程思政视域下青年教师师德师风建设研究［J］．数据，2022（4）：

① 韩宪洲．以课程思政推进师德师风建设的内在逻辑与现实路径［J］．思想理论教育导刊，2021（7）：123-127.

159-161.
[5] 晏娜．课程思政背景下加强高校师德师风建设路径探析［J］．大学，2022（3）：44-47.
[6] 韦金伶，韦福斌．课程思政视域下高校师德师风建设初探［J］．教育教学论坛，2021（40）：18-21.
[7] 李兵，王佳莉，聂东光，李滨．课程思政视域下师德师风建设五维路径探索［J］．职业技术，2021，20（8）：43-47.
[8] 韩宪洲．以课程思政推进师德师风建设的内在逻辑与现实路径［J］．思想理论教育导刊，2021（7）：123-127.

（席吕思，武汉传媒学院教师）

高校教师职业道德修养问题浅析

◎陈　曦

摘　要：高校教师的职业道德修养一直是高校提升教学质量、强化师资队伍的必备要求。本文基于高校教师职业道德修养的基本理论内涵和具体内容，对高校教师职业道德修养的意义进行了解析，指出当前高校教师职业道德修养所面临的问题，并针对这些问题给出了具体的改进措施，以期为高校新入职教师的自我成长提供帮助，同时也为高校的教师职业道德修养专项工作提供一定的参考。

关键词：大学老师；教师职业；职业道德

在互联网经济盛行的背景下，我国各类高校为了适应社会的快速发展，针对当下大学教育的体制机制进行了一系列的改革，其中，针对高等院校的教师职业道德修养是改革进程中的重点研究对象之一。关于高校教师需要培养和维护自身高质量的职业道德这一点，一直是我国高等教育体系下不断积累、持续传承和发扬的优良建校育人传统，是一所成建制的高校在科教兴国战略的前瞻引导下，提升高校教育教学质量、培养社会需要的高素质人才不可或缺的一部分。对于高校教师特别是新入职的年轻教师来说，大学教师的职业道德修养将在其执教生涯中履行教书育人的基本职责、面临各项重大考验时起决定性作用，并且会贯穿其整个人生进程。新时代的高校教育改革中提出要提高大学生的思想政治素质、促进大学生全面发展，这就要求高校教师除了具备较高的专业知识水平外，还需要具备良好的思想政治素养和职业道德修养。本文以此为契机探讨了高校教师职业道德修养的部分问题，提出了部分改进建议，以求为高校教师职业道德修养的培养和提升提供一定的参考。

一、高校教师职业道德修养的理论内涵和内容

大学教师的职业道德属于职业道德中的一类。职业道德专指在职人员在职业活动

中应遵照的礼仪规范，或是在一定社会工作范围内应遵循的反映某种职业关系、具有明显职位特色的职业行为规则和标准。因此，高校职业道德特指高等院校中负责学生的日常教学工作或政治工作的从业人员，以及在从事教育活动的过程中形成的比较成熟的道德观、价值观和职业观的总和。其中，高校教师的道德观指由高校教师这种特殊的职业属性和社会关联性决定的特殊意识形态，主要由内心信仰、社会舆论和传统习惯来支撑和保持，可作为调节高校教师和其他社会人士之间相互关系的基本行为准则和要求。高校教师的职业观指高校教师对于职业方面问题的根本看法，如职业认知、职业评价、职业选择等，主要体现为高校教师对教师这一职业相关的各种事物的态度。

如何提升高校教师的职业道德素质和思想品质，最主要的方法就是高校教师的职业道德培养，其职业道德培养的主体内容一般涉及高校教师对大学教育的认识、对高校教学的态度、教学过程中的执教理念、执行教学的途径方法、所掌握的专业知识与技术、所体现出的教学风格等。[①] 具体来说，高校教师在执教过程中要准确把握教师专业能力与道德水准之间的密切关系，做到爱岗敬业、心系学生、以身作则和严谨治学。

二、培养高校教师职业道德修养的意义

（一）有利于高校教育的进步发展

高校教育的发展目标是为提升国家的创新能力培养各行各业的前端人才，实现对各行各业的科技支撑；落实到地即要求高校教育在高校教学、科学研究、学生培养、治学理念等方面积极推进，而高校教师是高校教育的直接践行者，其职业道德修养的水平高低将直接影响到高校发展目标能否顺利实现。随着社会经济发展水平的日益提升，高校的师资队伍建设也必须适应时代变化，不但要求教师掌握扎实的学科基础、精湛的教育技能，而且必须具有远大的理想、崇高的品德以及认真的治学态度。高校教师的个人理想和道德修养一定程度上会影响到广大高校学子在校期间的求学心态和社会思想观念，因此，增强高校教师的职业道德修养，是促进当前高等教育稳步前进的基本要素和内在要求。

① 刘德峰，张臻悦，贾金龙，等．高校青年教师职业道德修养的提升策略[J]．西部素质教育，2020，6（6）：106-107.

（二）有利于高校教师实现自我价值

对于高校教师而言，无论是提升专业理论知识还是培养职业道德，都要经历一个漫长的过程，几乎贯穿于其整个职业生涯。高校教师需要结合不同时代的发展要求和自身的实际教学情况，深入汲取专业领域相关知识，不断完善自我道德意识，提升教育教学水平，紧跟高校教育发展的前沿需求，用先进的教学方式和科学的教育理念来有效履行自身职责，实现人生目标。特别是对于新入职的年轻教师来说，他们在教学经验、教学态度、道德修养等方面的既有观念和理解还不够成熟，只有全真心投入高校的教育事业，以高水平的职业道德修养严格要求自己，才能做好高校教师立德树人的本职工作。①

（三）有利于学生的思政教学和品德修养

高校教师在进行本职教学工作的过程中，有时会忽略了“育人”工作，而教师作为个人心灵的塑造师，不但要教好书，而且要教育好人。②高校教师应该是学生学习知识和思想进步的指导老师，承担着培育学生正确的世界观、人生观和价值观的重任，学生的学习生活、思想情感、职业道德等会在不知不觉中受到教师的行为举止的影响，所以提高大学生的思想品德素质，教师需要为其树立榜样，发挥立德树人的重要作用。

三、高校教师职业道德修养存在的问题

（一）高校教师对职业道德修养的学习不够积极

在国家规范下，虽然部分高校教师已经认识到进一步提高自身职业道德修养的必要性，但在长时间、单调、重复性的学校教育和学术研究中，他们会逐渐放松对自身职业道德修养的学习和维系。一旦缺乏积极性，高校教师对学生的爱护和关怀就会减少，这样无益于师生关系的正常发展，随之而来就会出现心态浮躁、治学不严、追求

① 兰静 . 高校教师职业道德修养存在的问题及对策研究［D］. 重庆：西南大学，2013.
② “互联网 +”时代下高校教师职业道德修养中存在的问题及对策研究［J］. 现代职业教育，2020（45）：132-133.

名利、学术造假等教学水平、学术水平和道德水平下滑的现象。①

（二）高校教师对职业道德修养的水平要求不高

高校教师是一个需要不断进步、完善自身知识体系和职业道德修养的特殊职业。目前，大部分的高校教师均已具备基本的职业道德修养，但社会在快速发展，校园环境和学生的求学需求也处于不断变化中，高校教师如果不能与时俱进，不能提高自身的职业道德修养，就会与高校教育的发展新观念、新事物和新的教学方式逐渐脱节，对教育的职业荣誉感也会随着职业生涯的积累而逐渐消磨，久而久之就会失去奋斗目标，降低对未来的人生期待，影响高校教师整体职业生态的良好发展。

（三）整体职业道德修养水平与实际需求有差距

当前高等院校逐年扩大招生，教学任务加重，高校教师在应对不断增加的教学任务时会相应降低对职业道德修养的要求，整体来看，高校教师的职业道德修养水平出现了不同程度的下滑。而在高校的教学改革目标中，对学生的综合素质特别是思想政治素养的要求在不断提高，对此为匹配学生与日俱增的思想道德素养要求，在强化学生的思想道德水平同时，也要强化教师的职业道德修养水平。②高校在日常教学中通常采取的是学生评教、领导评价等教学质量评价体系，一般主要考查教师的课程教学，无法直接判断出教师的职业道德修养水平，这样无疑会影响高校对教师整体职业道德水平与实际需求之间差距的准确把握。

四、高校教师职业道德修养的改进措施

（一）建立健全高校教师职业道德修养培养体系

高等教育是一项长久的教育事业，有一个稳定且持续更新的教育体系，与此相对应，高校教师的职业道德修养也需要建立一整套行之有效的培养机制以保持培养制度的稳定性。在具体的工作推进中，高校要以教师为中心，构建教师职业道德水平的长

① 胡海，吴冕，杨健．“互联网 +”时代下的高校教师职业道德修养中存在的问题及对策探讨[J]．电脑迷，2018（32）：91.

② 何帅，朱峰，吴德钰，等．浅论当代高校青年教师职业道德修养中存在的问题及建设途径[J]．科教文汇（下旬刊），2018（7）：21-22.

效培养机制，以促进教师职业道德建设。①一方面，高校要从“教师伦理”和“专业伦理”两个维度，结合实际情况，推行高校教师职业道德规范体系，为培养高校教师的职业道德修养提供可参考的依据。同时，针对高校教师的职业道德教育规划、评估、审查、监督，也要建立专门的指导方案，使教师能够时刻提醒自己，按照职业道德规范要求自身。另一方面，学校在新任教师的引进和当职教师的综合考核上，要设置规范的职业道德修养评价标准，综合考查教师的职业道德修养和教学水平。

（二）重视高校教师职业道德修养的实践

高校教师在培养自身职业道德修养的过程中要做到以下几点：第一，高校教师要认识到当前高校教师职业道德修养的一致要求，也就是以社会主义核心价值观为指导的当代大学办学精神，要认识到自身在建设社会主义和谐社会中应发挥的作用。第二，高校教师要自觉坚守社会道德底线，做好社会的道德榜样，以自身的道德行为影响和感染大学生。第三，高校教师应把提高自身的职业道德修养作为践行岗位职责不可缺少的一部分，秉承师德和育人并重的教师职业价值观，推动社会进步。

（三）完善高校教师职业道德修养考评机制

当前高校教师的工作考评通常与绩效挂钩，考核指标包括总课程时长、代课数量、教学成果、科研成果等，往往很少设立对职业道德的标准化要求。因此，要使高校教师重视职业道德修养，也使高校更公平、客观和全面地评价教师，可以建立和完善高校教师的职业道德修养评价考核机制。②具体来说，职业道德修养的考评机制既可以单独以考核标准的形式设立，也可以结合高校教师考核评价体系，将职业道德修养考核纳入教师考核评价体系中。不论采取哪种方式，其目的均是为了提高职业道德在教师考核评价中的重要性。一方面，教学工作是高校教师的基本职责，是教师职业道德的底线，在考评体系中，课程教学考核指标应占据主体地位。对于违反教书育人这一职业道德底线的教师，可给予相应的惩罚措施。另一方面，在完善高校教师职业道德修养考评机制时要考虑各高校的现实情况，要考虑教师的个体差异，针对不同专业、不同职称、不同教学经验的教师，可设置不同阶段的阶梯式考核标准对教师进行分类考核。同时可采取定期和不定期、单项和多项、定性和定量、自评和他评等多种考核

① 邹雨函 . 浅析高校教师职业道德修养提升的意义与措施［J］. 人文之友，2019（24）：54.

② 江朦朦，肖唯楚 .“互联网 +”时代下的高校教师职业道德修养中存在的问题及对策研究［J］. 法制博览，2019（33）：234-235，238.

形式。这种多维度高校教师考评机制，可以让高校教师的考评体系变得更为规范和完善，有助于促进高校教师整体职业道德修养水平的提升。

结语

当前互联网的高度发展，使大学生的生活习惯和思维方式都发生了巨大的变化，同时对高校教育也提出了严峻的考验。作为高等教育的重要实施主体，高校教师的身上肩负着立德树人的重任。对于高校教师特别是新入职的年轻教师来说，大学教师的职业道德修养将在其执教生涯中履行教书育人的基本职责、面临各项重大考验时起决定性作用，并且会贯穿其整个人生进程。新时代的高校教育改革中提出要提高大学生的思想政治素质、促进大学生全面发展，这就要求高校教师除了具备较高的专业知识水平外，还需要具备良好的思想政治素养和职业道德修养。因此在立德树人的办学理念宗旨下，引导大学生正确看待网络社会，实现高校教师的自我提升，为高校教育改革增添新的动力，是各高校应重点把握的发展方向。

参考文献：

[1] 刘德峰，张臻悦，贾金龙，等. 高校青年教师职业道德修养的提升策略［J］. 西部素质教育，2020，6（6）：106-107.

[2] 兰静. 高校教师职业道德修养存在的问题及对策研究［D］. 重庆：西南大学，2013.

[3] "互联网 +"时代下高校教师职业道德修养中存在的问题及对策研究［J］. 现代职业教育，2020（45）：132-133.

[4] 胡海，吴冕，杨健. "互联网 +"时代下的高校教师职业道德修养中存在的问题及对策探讨［J］. 电脑迷，2018（32）：91.

[5] 何帅，朱峰，吴德钰，等. 浅论当代高校青年教师职业道德修养中存在的问题及建设途径［J］. 科教文汇（下旬刊），2018（7）：21-22.

[6] 邹雨函. 浅析高校教师职业道德修养提升的意义与措施［J］. 人文之友，2019（24）：54.

[7] 江朦朦，肖唯楚. "互联网 +"时代下的高校教师职业道德修养中存在的问题及对策研究［J］. 法制博览，2019（33）：234-235，238.

（陈曦，武汉传媒学院教师）

新时代高校思政课教师教学能力提升探析

◎胡凡凡

摘　要：未来优秀教师的衡量标准，首先是要有良好的育人意识与卓越的教学能力。新时代青年能否接续马克思主义的思想火炬，把青春奋斗融入党和人民的事业，离不开教师的立德树人。高校思政教育，肩负着引导广大青年树立远大理想抱负、培育深厚家国情怀、致力于实现中华民族伟大复兴的中国梦的光荣使命。不断提升新时代高校思政课教师的教学能力，不仅是做好新时代青年引路人的重要抓手，更是鼓励青年志存高远、奋发前进的动力。

关键词：思政课；高校教师；教学能力

一、做好新时代高校思想政治教育的重要意义

（一）思想政治教育有助于促进学生全面健康发展

1. 思政教育是帮助学生树立正确的世界观、人生观、价值观的基础

2019 年 8 月，中共中央办公厅、国务院办公厅印发的《关于深化新时代学校思想政治理论课改革创新的若干意见》中指出，思政课是践行立德树人目标的关键课程。① 这彰显了以习近平同志为核心的党中央的远见卓识，也表达出党和国家对办好思政课的坚定决心。以理想信念为核心，深入开展树立正确的世界观、人生观、价值观教育，是加强和改进大学生思想政治教育的核心任务之一。以党的路线、方针、政策为基础，不断引导学生学习中华民族优秀传统文化、近现代史、社会主义核心价值观、习近平新时代中国特色社会主义思想等，指引学生明确脚下的路和方向，提高学生的认知能力和行动力，帮助学生明辨是非，养成良好的个人品德，是当前高校开展思政教育的

① 中共中央办公厅 国务院办公厅印发《关于深化新时代学校思想政治理论课改革创新的若干意见》[EB/OL].（2019-08-14）[2023-03-26].https：//baijiahao.baidu.com/s?id=1641837325090044095&wfr=spider&for=pc.

主要目的。网络时代，各类信息泛滥，青年学生面对复杂的世界大变局，亟须加强思政教育，方能明辨是非、恪守正道。

2. 引导青年学生树立正确的人生目标

当今我国正经历百年未有之大变局，处在实现“两个一百年”奋斗目标的历史交汇期。广大青年学生既面临着千载难逢的时代机遇，也承担着天降大任于斯人的时代使命。《新时代高等学校思想政治理论课教师队伍建设规定》要求：作为高校思政课教育的教师的第一职责是向学生授好思政课。[①]思政教师要教育学生把自己的人生理想与祖国、与时代、与人类命运联系起来，向时代楷模学习，树立远大的理想，培养良好的品德，为实现中华民族伟大复兴而奋斗。

3. 培养学生具有担当精神

思政理论课教师必须培养学生关注意识形态斗争、主动思想引领、勇于责任担当。[②]党的二十大报告明确指出，在中国特色社会主义新征程上，要以中国式现代化推进中华民族伟大复兴。新时代的青年要勇于肩负起时代赋予的使命，练就过硬本领，脚踏实地，在中华民族伟大复兴的征程中努力做一名合格的社会主义建设者和接班人。

（二）办好思政课是防范化解意识形态风险的重要法宝

当今世界正处于百年未有之大变局中，我们必须增强忧患意识，坚持底线思维，做到居安思危、未雨绸缪，准备经受风高浪急甚至惊涛骇浪的重大考验。“意识形态建设是当今我国思想政治理论建设的重点任务，思政课教育，是意识形态教育的主渠道，是保证我国社会主义性质的固本工程。”[③]近年来，以美国为首的部分西方国家大肆渲染中国“威胁”论，在意识形态领域不断炒作西方国家所谓的“民主自由”，给我国当今社会防范化解意识形态风险带来了严峻考验。部分境外敌对势力甚至把鼓吹西方国家自由论延伸到了高校校园。同时，国际上各类文化交流、交融、交锋与日俱增，面对国际局势中的不确定性因素和各类风险的不断滋长，国内的思想统一、团结就极为重要。我国广大高校处于意识形态斗争的前沿阵地，因而必须做好青年学子的思想政治教育工作。

① 教育部颁布《新时代高等学校思想政治理论课教师队伍建设规定》[EB/OL].（2020-01-16）[2021-12-17]. http：//www.moe.gov.cn/srcsite/A02/s5911/moe_621/202002/t20200207_418877.html.

② 庞秀艳，吴玉才．新时代高校思政课教师教学能力提升的三个维度[J]. 安徽科技学院学报，2018，32（1）：121-124.

③ 范方红．高校思政课教师实践教学能力提升新探[J]. 学校党建与思想教育（下），2016（5）：37-39.

（三）做好思想政治教育是培育爱国精神的必由之路

随着我国教育制度的不断完善，越来越多的社会主义接班人逐渐步入社会，成为社会建设的重要生力军。孙中山先生曾经说过：做人最大的事情，就是要知道怎么样爱国。青年是中华民族伟大复兴的希望，是开启“第二个百年奋斗目标”新征程建设的生力军。[①] 对于广大高校学生来讲，学会爱国是他们的本分，也是步入社会的职责，是心之所系、情之所归。通过思政课学习，更多的学生懂得了热爱祖国是立身之本、成才之基。我们的思政课教育要紧跟中国特色社会主义建设的新形势，为新时代青年自觉树立和践行爱国主义提供扎实的理论基础，进而让广大学生清晰明确拜金主义、享乐主义、极端个人主义、历史虚无主义等错误思想的危害，自觉抵制不良思想，崇尚爱国，面对新的时代，对于我们伟大的社会主义祖国有饮水思源、懂得回报的感恩之心，投身于建设祖国的宏大事业之中。

二、当前高校思想政治教育存在的短板

（一）学校对思政课的重视程度不够，思政课成效不明显

学校思政课是贯彻党的教育方针，巩固马克思主义在新时期高校思想政治教育工作指导地位，保证学校坚持科学办学方向的重要载体，承担着向广大青年学生系统传授马克思主义理论的任务。经调查，我国高校普遍对思政课发挥的作用认识不够，学生对思政课课堂效用的认可度并不高，思政课是学生逃课率、请假率较高的课程之一，课堂上学生听课效率较低，与思政课教师互动较少，学生反映对授课内容的有效掌握不够。[②] 部分思政课堂缺乏提升学生学习思政兴趣的有效探索，存在教学思维固化、教学方法单一等现象。少数教师甚至简单地将课本知识生搬硬套，形式化教学，思政教育针对性不强。从课程设置来看，课程数量较多，但内容老化，种类不丰富，思政课成效不明显。

---

① 李蓬．新时代高校思想政治理论课教师教学能力有效提升的路径探析［J］．理论观察，2022（3）：77-79.

② 曾小林．高职院校思政课教师教学能力提升探究［J］．中国职业技术教育，2022（5）：61-64.

（二）思政课教师的引路人作用发挥不到位

在思想政治教育中，思政课教师肩负着对学生进行思想政治教育的重任，但是，部分思政课教师存在思想觉悟不高、政治敏锐性不强、党员意识淡薄的现象。“现阶段，大多数思政课老师乐于不断提升自身职业素养和教学能力，但是仍存在部分教师无法正确看待自身角色，欠缺教学热情，无法做好青年的引路人。”[①] 作为学生成长成人的教育者和引导者，高校思政课教师自身的政治素养过硬是其从事该职业的首要条件。高校思政课教师必须积极参加政治学习，不断提高自身的思想政治觉悟和教育教学业务水平。目前，高校思政课教师在政治学习方面仍存在以下不足：一是思想认识不到位。有些教师对政治学习抱着无所谓的态度，思想上不重视，认为只要政治上不犯错误就行了，业务学习是硬指标，而政治学习是软要求，学与不学没有太大的关系。二是学习形式主义。有的教师把政治学习当作浅层次的、消遣式的学习，满足于听听讲座、看看视频，学习上浅尝辄止，未把政治学习与自身教育教学实践相结合。三是学习不主动。有的教师认为政治学习是上级的强制性要求，从而产生了学习不深入、不充分的厌学抵触情绪，最终导致学习成效不明显。

（三）思政课的实践性教学效果差强人意

习近平总书记指出，要充分使用新的宣传、科技手段，实现思政工作与新媒体融合。[②] 高校思政课实践教学要通过协助、策划、组织、开展丰富多彩的实践活动，充分激发大学生的自主学习意识，践行以教师为主导、以学生为主体、以教材为依托的教学模式。但在实际教学中，部分高校思政课实践教学缺乏整体建构，实践内容同质化和固态化现象严重，部分教学内容滞后于经济社会发展，没有做到与时俱进，在大学生的关注点、兴趣点和当前热点、焦点问题上找不到平衡。即使一些新增加的实践性教学内容时代感强，但内容模式化问题仍很突出，一些教师不考虑教学对象的需求和差异，教学方法一成不变，导致引导性有余而思想性不足，思政课的实践性教学效果差强人意。

---

① 罗汉妮，孙晨，孙进秋．全媒体时代思政课教师教学能力提升路径探析［J］．湖北经济学院学报（人文社会科学版），2022（4）．

② 姚晓萍．混合式教学视域下高校思政课教师教学能力提升策略［J］．河北能源职业技术学院学报，2020（4）．

三、提升思政课教师教学能力的有效途径

（一）补足思政课教师理论之钙

理论素养作为高校思政课教师最基本的教学能力，是高校思政课教师的生命线，是高校思政课旗帜鲜明地回答“培养什么人、如何培养人、为谁培养人”等核心问题的重要前提。思政课教师不仅要了解马克思主义理论的发展历史、整体结构、逻辑脉络、基本内容、实践价值，讲清楚马克思主义指导我国革命、建设和改革的历史进程以及形成的马克思主义中国化理论成果，还要给学生讲清楚马克思主义理论体系中的若干基本概念、基本范畴、基本观点和基本原理，认真学习习近平新时代中国特色社会主义思想的重要论述、科学内涵。

（二）深刻领会二十大精神，丰富思政教学内容

党的二十大报告凝聚了党的理论和实践的最新成果。将党的二十大精神有机融入思政课教学，既是思政课教师的荣耀，也是一份沉甸甸的责任。作为高校思政课教师，要将“读原著”“学原文”“悟原理”融入日常学习，深入研究马克思主义中国化的最新理论成果，将马克思主义中国化的最新成果融入课堂教学，适时推动课堂教学内容的更新。

（三）创新思政课实践教学形式，切实提高教师的教学能力

高校要指导思政教学相关部门从教学设计、教学管理、实践教学基地建设、经费保障、考核评价机制等方面入手，为实践教学创造条件，切实提高实践教学成效。教师要不断提高自身的教学能力，思考教学设计是否契合教学大纲的要求和学生的基本情况，反思教学设计的客观合理性。

（四）创新教学模式与方法路径

高校思政课教学要不断创新教育模式，深化教育路径。现代教育信息化的迅猛发展，使当代大学生能够通过信息化手段掌握各类优质教育资源，熟练运用互联网及各类新媒体平台。作为新时代青年的引路人，高校思政课教师要不断创新各种教学方法，

如采用案例式、辩论式、参与式、互动式、研究式、情景式、体验式等方法，运用慕课、教学示范等多种教学形式，调动学生参与课堂的积极性和主动性；结合学生心理、情感、道德认知、社会适应特点等，有针对性地因材施教。

做好高校思政课教育，提升思政课教师的教学能力，是落实党的二十大精神、实现立德树人根本任务的重要工作。在以中国式现代化全面推进中华民族伟大复兴的道路上，我们必须常抓不懈引导全社会认识思政课的深远意义，补齐我国高校思政课教育的短板，不断提升思政课教师的教学能力，为实现新的百年奋斗目标培养更多人才。

参考文献：

[1] 中共中央办公厅 国务院办公厅印发《关于深化新时代学校思想政治理论课改革创新的若干意见》[EB/OL].(2019-08-14)[2023-03-26].https://baijiahao.baidu.com/s?id=1641837325090044095&wfr=spider&for=pc.

[2] 教育部颁布《新时代高等学校思想政治理论课教师队伍建设规定》[EB/OL].(2020-01-16)[2021-12-17].http://www.moe.gov.cn/srcsite/A02/s5911/moe_621/202002/t20200207_418877.html.

[3] 庞秀艳，吴玉才.新时代高校思政课教师教学能力提升的三个维度[J].安徽科技学院学报，2018，32(1)：121-124.

[4] 范方红.高校思政课教师实践教学能力提升新探[J].学校党建与思想教育(下)，2016(5)：37-39.

[5] 李蓬.新时代高校思想政治理论课教师教学能力有效提升的路径探析[J].理论观察，2022(3)：77-79.

[6] 曾小林.高职院校思政课教师教学能力提升探究[J].中国职业技术教育，2022(5)：61-64.

[7] 罗汉妮，孙晨，孙进秋.全媒体时代思政课教师教学能力提升路径探析[J].湖北经济学院学报(人文社会科学版)，2022(4).

[8] 姚晓萍.混合式教学视域下高校思政课教师教学能力提升策略[J].河北能源职业技术学院学报，2020(4)：67-69，72.

[9] 张晶辉，曾丽萍，罗颖.新时代高校思政课教师教学能力提升研究[J].黑龙江教师发展学院学报，2020(9)：28-30.

（胡凡凡，武汉传媒学院马克思主义学院教师）

青少年研究

战疫榜样对青少年的教育价值及其实现路径

◎李梦柯

摘　要：在抗击新冠疫情这场没有硝烟的战争中，涌现出一批又一批战疫英雄，他们的战斗形象和感人事迹对青少年具有重要的教育价值。发挥战疫英雄的榜样作用，用战疫英雄的事迹鼓舞青少年，是指引青少年树立正确人生观的“风向标”，是提高青少年道德水平的“强心剂”，是促进青少年发奋图强的“助推器”。为此，我们鼓励青少年通过“追星信道”“传神悟实”“见贤思齐”等路径来实现战疫榜样对青少年的教育价值。

关键词：战疫榜样；青少年；教育价值

新冠疫情是新中国成立以来在我国发生的传播速度最快、感染范围最广、防控难度最大的一次重大突发公共卫生事件，给人民生命安全和身体健康带来严重威胁。① 在以习近平同志为核心的党中央坚强领导下，常态化疫情防控和经济社会发展“双统筹”稳步走向“双胜利”，彰显“中国之治”生动实践和显著优势。② 在此期间，广大医护人员和防疫工作者英勇奋战在疫情防控工作第一线，他们不畏艰苦、迎难而上，充分发挥了战斗堡垒作用和先锋模范作用，为防疫取得全面胜利做出了突出贡献。这些战疫英雄不辜负党和国家的使命，用自己的实际行动为广大青少年树立了良好的榜样。青少年阶段是人生的“拔节孕穗期”，需要精心引导和栽培。用战疫英雄的事迹来鼓舞青少年，对促进青少年健康成长成才具有重要价值和现实意义。

① 团结奋斗是战胜疫情的重要法宝（人民要论）[EB/OL].（2023-05-20）[2023-05-31].http：//www.sxdygbjy.gov.cn/bgz/zgwz/art/2023/art_54cb4b97bd494a479ee8166bd23ac146.html.

②［中国稳健前行］党的领导制度优势的生动体现[EB/OL].（2022-05-12）[2023-05-31]. https：//baijiahao.baidu.com/s?id=1666454459427739220&wfr=spider&for=pc.

一、战疫榜样的内涵要义

（一）战疫榜样的核心概念

榜样是在一定历史时期经权威机构认定、公众舆论认可和主流媒体广泛传播，体现时代精神和社会主流意识，值得公众效仿和学习的先进典型。榜样是社会进步和时代发展的产物，不同的时代会产生不同的榜样，比如，战争年代的榜样是保家卫国、舍生忘死，和平时代的榜样是勤劳拼搏、乐于奉献。当前，在这场战疫斗争中续写出的新群英谱，赋予了当代榜样新的含义。笔者认为，关于战疫榜样的核心概念，是指在新冠疫情防控最危险的时候，带头长期坚守在抗疫最前线，对疫情防控工作做出突出贡献的先进集体或个人。从内容维度考察，战疫榜样不仅包括外在的人物形象和行为事迹，还包括内在的人格魅力和价值精神。从功能维度分析，战疫榜样凝聚了人们战胜疫情的共同理想，其道德情操、卓越品质和英勇的战疫行为对人们产生了示范、激励和教育作用。

（二）战疫榜样的时代特征

榜样的特征是榜样的内涵和本质的显现，体现了榜样的内在规定性。每个时期的榜样总是与特定的时代背景相联系，是那个时代的缩影。新时代的青少年生活在和平年代，没有经历过战争和新中国成立初期的苦难，对战斗英雄和早期的劳动模范缺乏足够的了解，突如其来的疫情，让青少年亲眼看见了在国家遭遇危难之际，那些战疫者为了国家和人民安危挺身而出、奋勇斗争的英雄事迹，这使他们深受感动，崇敬之情油然而生。

1. 临危不惧勇作为，冲锋在前敢担当

疫情防控是一项复杂的社会系统工程，是一场人民战争、总体战、阻击战。由于新冠病毒是一种全新的病毒，人们对这种病毒仍存在很多未知，这就决定了这场斗争的复杂性、艰巨性和长期性。但不论这场斗争多么复杂，白衣战士都迎难而上，不畏生死。人们不会忘记，那些身处一线却不幸牺牲的白衣天使，他们以坚定的信心和高超的斗争本领奋战在抗击疫情前线，彰显了中国人民勇于斗争、善于斗争的优良作风。这场疫情，不仅是一次大战，更是一场大考。战疫榜样具备战胜一切艰难险阻的信心、同一切困难斗争到底的决心，展现出临危不惧、死而后已的英勇气概。

2. 恪尽职守担使命，鞠躬尽瘁守初心

在这场没有刀山火海、枪林弹雨的特殊战斗中，战疫榜样化身为前线战士，把投身防控疫情第一线作为践行初心使命、体现责任担当的试金石，鞠躬尽瘁，恪尽职守。从解放军战士闻令而动、积极支援地方疫情防控，迅速筑起一道道抵抗疫情的坚固长城，到守护一方平安的公安民警，再到昼夜坚守、为群众生活保驾护航的基层干部……战疫榜样在各自岗位上尽职尽责，用初心拷问政治本色，用使命诠释责任担当，用爱心铸就一道道安全屏障，为党旗和党徽增光添彩。

3. 崇尚科学敬生命，求真务实守规律

在突如其来的新冠疫情面前，科研人员和专家学者们积极发声，让科学登场，用事实说话，分析疫情形势，有力增强了整个社会对疫情的防控意识。从研究病毒来源和传播特点到提出各种防疫举措，从以创纪录短的时间甄别出病原体到率先研制出核酸检测试剂，从不断更新诊疗方案到新冠疫苗投入临床实验……一项项科研成果不断涌现，为快速诊疗、科学救治赢得了宝贵的时间。战疫榜样始终坚持向科学找方法、向创新要答案，让人们关切而不恐慌，坚信而日益笃定，这展现的是对科学精神的崇尚与坚守，也是对人民生命的敬畏与高度负责。

4. 舍己为人乐奉献，众志成城克时艰

积合力以致胜，汇众智而成功。疫情期间，战疫榜样没有退缩避让，而是牵手鼓劲，勇敢向前，众志成城，坚信必胜。有人不顾生死按下“红手印”，义无反顾向一线挺进；有人置生死于度外，倾全力守护家园……各行各业、方方面面的志愿者、奋斗者，为了战胜疫情，冲锋不畏难，舍小家为大家、舍小我顾大局。为赢得这场严峻斗争的伟大胜利，战疫榜样心往一处想、劲往一处使，克服一切困难，形成抗击疫情的强大力量。战疫榜样是“中国奇迹”的创造者，是“中国速度”的领跑者，是“中国精神”的传递者。

二、战疫榜样的类型划分

疾风知劲草，危难见英雄。随着新冠疫情阻击战取得全面胜利，青少年喜爱认可的榜样类型在疫情中翻转，既有不同领域的杰出人物，也有身边涌现的草根英雄。本文根据榜样的类型特征、年龄层次及行为事迹等，将战疫榜样划分为四种类型。他们是疫情防控中的逆行者，他们凭借勇敢担当的风范和无私奉献的精神在青少年心目中树立了光辉形象。

（一）高瞻远瞩的院士、专家、科技工作者

在新冠疫情阻击战中，院士、专家、科技工作者在疫情研判、防控方案、药物开发、疫苗研制等方面做出了巨大努力，为坚决打赢疫情防控阻击战出高招、献良策。钟南山院士首先发出疫情会人传人的警告；李兰娟院士率先提出武汉封城壮举，从根本上防止了疫情扩散；王辰院士提出火速建设方舱医院，这也成为决胜“战疫”的关键之举；张伯礼院士大胆尝试用中医药治疗确诊患者，弘扬国医瑰宝；陈薇院士带领团队大年夜出征，抢先研制疫苗……他们运用所掌握的科学知识和实际行动彰显了大国院士的战疫责任和担当，是疫情阻击战的中流砥柱。

德高望重的院士、专家、科技工作者们高瞻远瞩，对疫情大胆预判，让人们增强了信心和力量，及时抑制了恐慌。他们展现出严谨的科学精神、崇高的道德风范，为国泰民安献计献策献智慧，是最值得当代青少年学习的人生楷模。

（二）救死扶伤的广大医务工作者、新时代的革命军人

在战疫过程中，有这样一群人，他们以“逆行者”的姿态，从始至终奋斗在一线，用专业素养和仁爱精神给感染者带来希望，展现了强大的精神力量。疫情发生以来，广大医务工作者中涌现出许多先进典型，如武汉金银潭医院党委副书记、院长张定宇，身患渐冻症仍战斗在最前沿；武汉协和江北医院消化内科医生夏思思，本该下班回家却毅然选择守护病人，结果自己被感染而因公殉职；29 岁的彭银华医生推迟婚期奋战在抗疫一线，却不幸感染新冠病毒牺牲。习近平总书记 2020 年 3 月 10 日专门赴湖北省武汉市考察疫情防控工作时强调：“一线的医务工作者最辛苦，承受着难以想象的身体和心理压力，许多同志脸上和手上都磨出了血，令人感动，是新时代最可爱的人。我向你们表示崇高的敬意。”①

此外，革命军人闻令而动，敢打硬仗，同时间赛跑，与病魔较量，在疫情防控上一次次发起冲锋，全力保护人民群众的生命和健康安全，彰显了新时代军人的责任感和使命感。特别是接管火神山医院的军队医疗队员，义无反顾地驰援武汉，是人民子弟兵爱人民的生动写照。新时代的革命军人用坚强的身躯和顽强的意志力阻止疫情蔓

① [央广时评] 鲜花送英雄 [EB/OL].（2020-03-18）[2023-03-26]. http：//news.cnr.cn/native/comment/20200318/t20200318_525021349.shtml ？ from=groupmessage&isappinstalled=0.

延，招之即来，来之能战，战之能胜，折射出军人应有的家国情怀，他们是和平时代的战斗英雄。

（三）英勇奋战的社区工作者、基层干部、公安民警

抗疫战场除了医院这个主战场外，还包括社区、村镇、街道等，而社区工作者、基层干部、公安民警则是疫情期间社会稳定秩序的维护者，人民群众安全的“保护神”。社区是疫情联防联控的第一线，也是外防输入、内防扩散的最关键的防线，肩负的任务十分繁重。冲锋在前的社区工作者们在辛勤值守的同时，还为群众解决生活困难，他们是奋战在疫情防控一线的“平凡英雄”。更有脚踏实地工作、实实在在为群众办实事、对待工作一丝不苟的基层领导干部，在疫情防控期间夜以继日，悉心为群众服务，也为遏制疫情扩散蔓延做出重要贡献。

公安民警是战斗在疫情防控中的卫士“天团”。广大公安民警不畏凶猛的疫情，纷纷主动请战，执着坚守、忠诚履职，展现了勇于担当、顾全大局、甘于奉献的精神。其中，吴涌是4万英雄汉警的优秀代表，他用连续60天的坚守换来了辖区安宁，确保群众“零病亡”，直到生命最后一刻，折射出英雄的本色和担当。在防控新冠疫情这一特殊时期，社区工作者、基层干部、公安民警全力保障了社区稳定和群众生活，为坚决打赢疫情防控阻击战奉献出了磅礴力量。

（四）乐于吃苦的90后、00后和青年志愿者

在此次抗击疫情的斗争中，以90后、00后为代表的青年一代挺身而出，活跃在方方面面的战疫一线中。在4.2万多名驰援湖北的医务人员中，有超过1.2万是90后、00后。其中，有的推迟婚期、坚守一线；有的突然懂事了，学会了独自担责；有的日夜兼程，骑自行车四天三夜奔赴岗位……他们稚嫩而坚强的身影，他们清脆而响亮的声音，彰显了新时代中国青年的勇敢与担当。过去有人说，90后、00后是“温室里的花朵”“娇滴滴的一代”，事实表明，他们已成为共和国的脊梁、国家的骄傲和民族的希望！

层出不穷的青年志愿者在疫情期间积极响应号召，全国5.2万余支青年突击队、111.8万余名青年冲向最前线。汪勇以快递员的身份组织志愿队，成为医护人员的整条后勤保障线，护送医务工作者上下班，联系餐馆和便利店，为医务工作者解决生活需求。大二女生彭晴同学因受疫情影响，滞留在武汉，自愿参加疫情防控工作，成了方舱医院最小的女安保，展现出新时代中国青年志存高远、报效祖国的坚定信念，为当

代青年学子做出表率。新时代的90后、00后和青年志愿者们拥有远大的理想和抱负，乐于吃苦、不怕牺牲，以无私无畏的精神成为新时代中国大地上一道道亮丽的风景线。

三、战疫榜样对青少年的教育价值

（一）战疫榜样的无畏气概是引导青少年树立正确人生观的“风向标”

1. 为培养青少年践行社会主义核心价值观树立方向标杆

榜样是具体的、人格化的价值观。战疫榜样有着强大的精神力量，从榜样的先进事迹中可以提炼出优秀的品格与信念，为培养青少年践行社会主义核心价值观树立方向标杆。如“可爱的逆行者”“城市的摆渡人”，他们用自己的实际行动，在平凡的岗位上做出了卓越贡献，彰显了爱国和敬业，是社会主义核心价值观的生动展现。在疫情防控这个特殊的大环境中，将榜样的价值观展示给青少年，能够给予青少年精神滋养和感官刺激，让青少年无形中受到潜移默化的影响，为弘扬社会主义核心价值观奠定了坚实的基础。

2. 为指引青少年坚定崇高理想信念提供现实依据

若志向高远，则力量无穷。青少年是一个需要崇高理想信念的群体，青少年时期确立的理想信念，对其今后的人生之路将产生重大影响，甚至会使其受益终身。疫情发生以来，战疫榜样在以习近平同志为核心的党中央坚强领导下，团结一心、众志成城，积极投身抗击疫情的伟大实践中，在疫情中升华了自己的理想信念。战疫榜样把个人的命运和国家、民族的前途命运紧紧联系在一起，把个人的奋斗融入为人民谋幸福、为民族谋复兴的伟大事业中，为指引青少年坚定崇高的理想信念提供了现实依据。

（二）战疫榜样的道德品质是提高青少年道德水平的“强心剂”

1. 有利于青少年形成正确道德认知，激发正向道德情感

战疫榜样生动、具体地展现了道德理想人格，承载着现代社会的道德追求。战疫榜样在疫情面前大义凛然、知险而上，把平安和生的机会留给他人，用鲜血和生命将灾难化解，体现出人民至上的英雄壮举，生动诠释了现代社会发展要求的道德规范，帮助青少年形成正确的道德认知。此外，战疫榜样与祖国同呼吸、与民族同步伐、与人民心连心，蕴含在其中的无私奉献、不怕牺牲等高尚情怀和道德品质能深深地打动青少年，使青少年内心受到强烈的震撼，增强道德判断能力，学会理性分析问题，进而产生向上、向善、向美的道德情感。

2. 有利于青少年磨炼道德意志，积极投身道德实践

战疫榜样向青少年展现了他们是如何顽强克服战疫道路上的困难与挫折，向青少年彰显了道德意志的魅力。一方面，战疫榜样在疫情防控中所表现出的顽强意志，对青少年将会产生潜在而深远的影响，有利于青少年在学习和生活中磨炼道德意志；另一方面，战疫榜样用自己的实际行动诠释了“从善如登”的深刻道理，展示了为国家民族奋斗、为人类事业献身的情怀担当以及不懈追求共产主义的崇高道德信念和高尚道德境界。

（三）战疫榜样的精湛技艺是促进青少年发奋图强的“助推器”

1. 强劲书写“知识就是力量”，引导青少年做有本领的时代新人

疫情面前，硬本领才是硬道理，本领过硬的专业人才和科学方法的有效应用是战疫获胜的关键。其中，科研攻坚是科学防疫、战胜疫情不可或缺的硬核举措。习近平总书记在北京考察新冠肺炎防控科研攻关工作时强调，“要把新冠肺炎防控科研攻关作为一项重大而紧迫任务，综合多学科力量，统一领导、协同推进，在坚持科学性、确保安全性的基础上加快研发进度，尽快攻克疫情防控的重点难点问题，为打赢疫情防控人民战争、总体战、阻击战提供强大科技支撑”①。在总书记的殷切嘱托下，巾帼院士李兰娟带领团队经过夜以继日的奋战，讨论科研攻关难题，为国家疫情防控建言献策；陈薇院士领衔的科研团队集中力量展开在疫苗研制方面的应急科研攻关，所研制的重组新冠疫苗获批启动展开临床试验等。经此疫情，青少年对科学技术是第一生产力的认识不断加深，并立志成为基础扎实、知识渊博、德才兼备、本领高强的优秀人才。

2. 具象呈现不同专业的价值魅力，激发青少年全面发展的内在潜力

青少年的全面发展体现在德智体美劳等多方面，这就需要多样化榜样的示范和引领。新冠肺炎防控下涌现出来的榜样有多种类型，他们承载着核心价值和时代精神，具有多样化和多层次的特征，为青少年提供了不同的参照标准。比如，在疫情防控当

① 习近平在北京考察新冠肺炎防控科研攻关工作时强调 协同推进新冠肺炎防控科研攻关 为打赢疫情防控阻击战提供科技支撑［EB/OL］.（2020-03-03）［2023-03-26］. http：//www.cppcc.gov.cn/zxww/2020/03/03/ARTI1583193511834103.shtml.

中，临床医学、物流管理、土木工程等各专业人才都在行动，他们发挥专业优势，助力抗疫一线，还有人工智能和大数据等先进技术，使战疫工作如虎添翼，为疫情防控提供了强大的技术支撑。总之，战疫榜样是特定时期社会理想人格的具体化，具有比一般人更高大上的专业知识和才能，能够激发青少年的内在潜力。

四、用榜样力量强化对青少年的教育

（一）追星信道：追抗疫英雄之星，信报国为民利人之道

战疫过程使传统意义上的“道德榜样”和具有鲜明时代色彩的“公众偶像”完美结合，并通过科学魅力和人性共鸣，使战疫榜样体现的大义之道成为当代青少年认同的道德准则。经历战疫教育和洗礼的青少年将更加懂得人生的意义，教育者要因事而化，引导青少年固守信念的“防护堤”，常追抗疫英雄之星，信报国为民利人之道。

1. 因势利导，由信歌星影星到追新星

一位高一学生在《在战疫中成长——致敬英雄》专题课中分享自己的感悟：“战疫英雄让人动容，他们是最美逆行者，他们是我的偶像。”可见，战疫榜样舍生忘死的壮举为青少年树立了榜样，让青少年看清了危难时谁是真正的英雄，谁是真正的明星，谁是值得崇拜的偶像，这些“新时代最可爱的人”已成为青少年心目中的明星，因势利导帮助青少年树立正确的榜样观恰逢其时。青少年心理尚未成熟，价值观尚未成型，教育者是青少年的引路人，通过深入宣讲战疫榜样的事迹，引导广大青少年认识英雄、崇敬英雄、学习英雄，能够事半功倍。其次，在对青少年进行教育时，还可以利用各种新型方式、方法指引青少年争做时代新人，通过微信、QQ、网络授课软件等多种平台推行“一日一则英雄故事”“战疫榜样微课视频”等文字以及视频教学内容，更好地指引青少年遵循“新星”的行为。

2. 崇德向善，由信精致利己到顾全大义

崇尚榜样才会产生榜样，争做榜样方能榜样辈出，对战疫榜样最好的致敬就是学习他们的精神。青少年在此次疫情中经历洗礼和淬炼，深刻明白精致的利己主义换不回家国的安宁。一方面，教育者要进一步勘探好、开采好、冶炼好战疫榜样这座“富矿”，通过开展主题教育、班会、故事会等形式把战疫榜样的传奇故事讲述给青少年听，将榜样的理想信念、道德品质、感情意志融入立德树人各个环节，贯穿于青少年

培养的全过程。另一方面，教育者可以将各种各样的显性与隐性榜样教育融入各科教学和各种活动中，引导青少年将“小我”融入“大我”，增强青少年胸怀天下、崇德向善的理想信念，凝聚利人之心、弘扬为民之情、砥砺报国之志，将其培养成为对国家、对人民、对社会有用的人。

（二）传神悟实：传播榜样精神，感悟人格魅力

科学、生动的榜样宣传是对青少年进行榜样教育的关键环节。战疫榜样对青少年的教育作用，是在榜样宣传的过程中实现的。

1. 健全机制，实现可持续的榜样宣传教育

首先，从疫情防控下榜样宣传的频度、力度看，要注重战疫榜样宣传的持久性，避免榜样宣传的短时化、应景化和“一阵风”等现象。其次，榜样示范引领作用的发挥，是一个循序渐进的认可与接受过程，所以要建立可持续的战疫榜样宣传机制和教育机制。最后，在宣传疫情榜样的过程中，避免人为拔高榜样形象和“圣人化”的宣传方式，要体现时代感、亲切感，尊重青少年的个体需求和差异性，避免宣传说教。

2. 拓宽媒介，构建全方位的榜样宣传平台

一方面，充分利用线上线下全媒体，打造战疫榜样全覆盖宣传平台。除了传统媒体外，还要尽可能利用公众号、微博、短视频 App、浏览器、手机报等，以图片新闻、人物通讯、微电影等形式宣传战疫榜样的精神和行为。另一方面，可借助开放式网络学习平台，调动学校、家庭、社会等多方面的力量。比如，以战疫榜样的先进事迹和精神为主题，通过“给青少年的一封信”或“青少年同上一堂疫情防控思想品德公开课”等形式，扩大宣传效果和教育影响。

3. 延伸空间，搭建立体化的榜样传播载体

社会各个层面可以广泛开展丰富多彩的榜样精神践行活动，强化文化活动的教育功能，进一步延伸战疫榜样的宣传空间。一方面，学校、社区可以开展“战疫天使”等主题演讲、榜样事迹巡展、标兵评选表彰活动，传递道德正能量。另一方面，拓宽传播载体，将战疫榜样的先进事迹融入影视、歌曲、舞蹈等作品中，增强榜样宣传的吸引力和感染力。

（三）见贤思齐：直挂云帆济沧海，我以我血荐轩辕

强化青少年对榜样行为的认知，是发挥战疫榜样对青少年教育功能的前提。战疫榜样的誓言、行动、信念，彰显的是一种风貌、一种精神，需要广大青少年通过感知、

认同从而内化并付诸实践。

1. 锤炼报国之志，追随英雄无畏惧

青少年的动机和需要是激发青少年自主学习榜样的出发点。心理学认为，动机和需要是指引起和维持个体的活动，并使活动朝向某一目标的内部心理过程或内部动力。青少年容易受到社会上急功近利主义的影响，这使得他们在追求奋斗目标时表现得过于功利和浮躁。战疫榜样的英雄事迹可以让青少年重新获得人生的发展方向，增添学习的动力，从而激发青少年树立报效祖国的宏图大志。

2. 效仿为民之行为，看齐先锋献爱心

上好青少年特殊时期的成长必修课，提高榜样对青少年的教育含量，就必须要合理设计、规划和组织效仿榜样的相关活动。活动的设计要选择贴近青少年生活、思想实际的方式。比如，组织开展“最好的画画给你”“最想的事写给你”“最真的话说给你”“最爱的景拍给你”“最美的花献给你”等活动，动员号召广大青少年通过手工、绘画、书法、手抄报、书信、童谣、诗歌、快板等方式，向奋战在疫情防控一线的医务人员、基层干部、公安民警、社区工作者、志愿者等送上祝福。

3. 践行奉献之初心，紧跟榜样勇冲锋

激发青少年学习战疫榜样的热情，重在实践。让学习榜样成为青少年一种自觉自愿的主动行为，就要遵循青少年成长过程中的客观规律，使战疫榜样成为其学习的楷模。比如通过“一日一好事”等方式，引导青少年从身边的小事做起，勿以善小而不为，在日常生活和学习过程中行善事、做善举等。让青少年能真正认识到战疫榜样的行为不是个人的一时冲动，而是于社会危难之际的一种高度的价值自觉。

结语

在抗击新冠疫情这场严峻的斗争中，战疫榜样以牺牲和奉献、坚持和努力，为全国人民作出了突出的表率，他们的英勇表现和感人事迹可歌可泣、催人奋进。战疫榜样是社会发展趋势和主流价值观的集中体现，是青少年学习的生动教材。育人为本，德育为先，奋战在一线的战疫榜样们不辜负党和国家的使命，用自己的实际行动为青年学子上了一堂生动且富有教育意义的公开课。发挥战疫榜样的育人价值，对促进青少年成长成才具有重要的现实意义。

参考文献：

[1] 习近平 . 在中央政治局常委会会议研究应对新型冠状病毒肺炎疫情工作时的讲话［J］. 先锋，2020（2）：4-8.

[2] 习近平 . 在全国抗击新冠疫情表彰大会上的讲话［N］. 人民日报，2020-09-09（02）.

[3] 习近平 . 携手抗疫 共克时艰［N］. 人民日报，2020-03-27（002）.

[4] 李祖超，王雷灵茜 . 战疫励志 抗疫育人［J］. 中国高等教育，2020（12）：40-41.

[5] 李祖超，王雷灵茜 . 用战疫故事丰富思政课教学内容及其实现路径［J］. 中国大学教学，2020（11）：38-43.

[6] 刘水静，胡欣欣 . 讲好疫情防控“大思政课”的五个维度［J］. 学校党建与思想教育，2021（13）：38-41.

[7] 陆士桢，李泽轩，张子航 . 青少年英雄榜样教育历史经验与启示［J］. 人民教育，2019（19）：8-12.

[8] 盛佳伟 . 重大疫情应对中高校学生工作的三个着力点［J］. 思想政治教育研究，2021，37（2）：124-127.

[9] 姜伟军，李蔚然 . 运用身边榜样加强对青少年的社会主义核心价值观教育［J］. 中学政治教学参考，2017（24）：40-42.

[10] 陈义新 . 榜样对青少年道德价值观的影响［J］. 中学政治教学参考，2015（27）：32-33.

[11] 张耀灿 . 榜样文化：社会主义核心价值观培育机制的构建［J］. 学校党建与思想教育，2014（13）：7-8，24.

[12] 马福运，宋晓珂 . 论重大疫情防控中思想教育创新的路向选择［J］. 思想政治教育研究，2021，37（1）：101-105.

[13] 宋敏 . 充分发挥道德榜样的精神示范和引领作用［J］. 中国高等教育，2014（23）：33-34.

[14] 邱伟光 . 青少年偶像和榜样的社会示范与传播路径［J］. 思想理论教育，2012（14）：4-7.

[15] 花瑞锋 . 推选学习道德模范对青少年榜样教育的启示［J］. 学校党建与思想教育，2012（30）：53-54，77.

（李梦柯，武汉传媒学院马克思主义学院教师）

辅导员队伍建设

心理健康视角下传媒院校辅导员队伍建设路径探析

◎余宥依

摘　要：传媒院校加强辅导员队伍建设对人才培养具有非常重要的意义。本文从心理健康角度出发，系统梳理了传媒院校辅导员的职业特点以及他们所面临的心理健康问题，分析了心理健康与辅导员队伍建设的关系，并从辅导员选聘制度、辅导员心理健康、辅导员心理知识技能以及考核评价体系四个方面入手，探讨传媒院校辅导员队伍建设的路径。

关键词：心理健康；传媒院校；辅导员队伍建设；路径探析

“人善国者，莫先育才。”党的二十大报告强调，“深入实施人才强国战略。培养造就大批德才兼备的高素质人才，是国家和民族长远发展大计。”“完善人才战略布局，坚持各方面人才一起抓，建设规模宏大、结构合理、素质优良的人才队伍。”① 作为大学生思想政治教育的一线工作者，高校辅导员参与了学生的重要成长发展阶段，其队伍建设的完善不容忽视。

传媒院校学生独树一帜的群体特征和专业特性，往往会给高校学生工作带来一定的挑战。辅导员通常面临着学生和自身双重心理健康风险。而心理健康与辅导员队伍建设的关系密切，辅导员只有在保证自身心理健康的前提下，加强对学生的心理健康教育，才能真正做好传媒院校的人才培养工作。基于此，本文从心理健康视角出发，探讨传媒院校辅导员队伍建设的路径。

① 习近平：高举中国特色社会主义伟大旗帜　为全面建设社会主义现代化国家而团结奋斗——在中国共产党第二十次全国代表大会上的报告［R/OL］.（2022-10-16）［2023-03-26］. https://www.gov.cn/xinwen/2022-10/25/content_5721685.htm.

一、传媒院校辅导员的工作现状分析

（一）传媒院校辅导员工作的职业特点

传媒院校辅导员的工作具有独特性。从学生角度来看，传媒院校学生具有鲜明的性格特点。他们思想活跃，具有创造性，但情绪容易波动，在学习生活中容易出现矛盾的心理状态。[①]同时，他们的自我表达能力强，热衷于在网络平台与现实生活中分享、表达自己的观点和想法。从学科特点来看，传媒院校学生普遍具有较高的信息敏感性，他们对新事物和时事话题具有较强的兴趣，能够敏锐洞察社会现象，善于捕捉社会变化和热点问题。同时，由于专业的媒介化特点，他们在学习和生活中擅长运用多种技术手段进行内容制作和传播。[②]

此外，传媒院校辅导员的学生工作具有多维性。[③]首先，传媒院校辅导员需要了解传媒行业的发展趋势、专业知识和技能，能够帮助学生规划职业发展，解决学习和生活中的问题。其次，由于传媒院校学生具有创新、开放的特点，辅导员在工作中需要有包容、平和、稳定的心态，能够理解学生的想法和需求，尊重学生的个体差异。同时，辅导员需要具备一定的沟通和表达能力，能够与学生平等交流、沟通，解决学生遇到的难题。除此之外，辅导员还需要熟悉心理健康知识，能够及时发现和解决学生的心理问题。

（二）传媒院校辅导员面临的心理健康问题

传媒院校辅导员在工作中面临的心理健康问题主要来自学生和自身两方面。

首先，传媒院校学生的学习内容与社会现实密切相关，学生可能会因为一些现实情况或新闻事件而出现焦虑、抑郁等情绪问题。其次，学生要面对繁重的课业、作业、项目和实习，学习和生活压力很大，这也导致他们容易出现心理问题。此外，传媒院校学生需要在实践中与同学、教师、行业人士等进行交流合作，但有些学生可能会因为沟通障碍、社交恐惧等而难以融入集体，产生了不同程度的心理问题。

正是由于传媒院校学生的情绪波动较大、心理问题较多，辅导员的学生工作也相

① 谢敬．针对高校艺术类学生特点的管理对策分析［J］．文教资料，2010（16）：188-189.
② 刘炜．辅导员促进传媒类专业学生全面发展的实践探讨［J］．现代交际，2020（22）：125-127.
③ 李金鹏．艺术类高校辅导员工作方法探析［J］．艺术评鉴，2019（3）：177-178.

应地面临更多的困难和挑战。因为对生活学习方式变化的反应更加强烈，社交平台和网络自媒体成为他们发表对学校和辅导员不满言论的重要场地，容易引发舆情[①]，给传媒院校辅导员工作带来一定的挑战。由于处于学生工作一线，辅导员们面对的学生人数多，经常被大量琐碎的事务占用较多的时间和精力，手机永远不敢静音，工作却得不到足够重视。[②] 每个学生的心理健康问题不同，辅导员不仅需要不断更新自己的专业知识和技能，同时还要长时间处理心理健康工作，导致辅导员出现情感疲劳，时常感到疲惫和无力。因此，提升辅导员队伍的心理健康水平，是传媒院校辅导员队伍建设的重要课题。

二、心理健康与辅导员队伍建设的关系

（一）良好的心理素质是辅导员队伍建设的前提

首先，辅导员需要有较强的情绪管理能力，只有这样才能客观、理性地分析学生的问题，并给予有效的建议和帮助。如果辅导员自身心理健康存在问题，比如情绪波动大、焦虑抑郁等，不仅会影响他们的专业能力和工作表现，而且会对学生造成一定的负面影响。其次，辅导员应该保持乐观向上的良好心态。辅导员要经常帮助学生解决问题与困难，在处理学生的具体事务时也会遇到许多令人烦恼的事，积极、良好的心态有助于辅导员充分发挥自身的积极性和创造性，提高工作效率，克服遇到的困难。最后，辅导员也要加强自我认知，善于剖析自己，及时改正错误，虚心听取意见，这样更容易赢得学生的尊重。

（二）掌握心理健康知识是辅导员队伍职业化的必要条件之一

首先，辅导员是学校提供心理健康服务的基层工作者，他们负责对学生进行心理健康教育、心理疏导等，这就要求辅导员掌握一定的心理健康知识。其次，随着学生对心理健康服务的需求不断增长，高校对辅导员队伍职业化的要求也越来越高，掌握心理健康知识是辅导员队伍职业化的必要条件之一。

辅导员需要掌握心理学的基本理论和知识，了解心理学在解决个体心理问题方面

---

① 李俊杰.高校艺术类学生特点分析及思想教育对策[J].文化学刊，2015（12）：106-109.

② 阚斌斌.工作压力：高校辅导员队伍建设难点与应对[J].高校辅导员学刊，2023，15（1）：35-40，97-98.

的应用和局限性。这些知识有助于辅导员更好地认识和了解自己，促进自我成长和职业发展。同时，学生在面对心理健康问题时需要得到专业的帮助和指导，辅导员掌握心理健康知识可以更好地为学生提供服务。随着社会越来越重视人们的心理健康问题，掌握心理健康知识的专业人士将更具有竞争力和发展前途。综上所述，心理健康知识是辅导员队伍职业化的必要条件之一，辅导员需要通过不断学习和实践，更新知识储备，提升心理健康知识水平，更好地为学生提供心理健康服务。

（三）心理健康技能是辅导员队伍专业化的重要手段

随着高校心理健康工作的不断发展和完善，高校对辅导员心理健康技能的要求也越来越高，辅导员学习和掌握心理健康技能可以帮助他们更好地处理和应对学生不同的心理问题。拥有心理健康技能还可以帮助辅导员适应外界不断变化的需求和挑战，提高其在职场上的竞争力和职业发展前景。

对于传媒院校辅导员而言，他们所面对的学生个性更为鲜明，处理的问题也更为复杂，他们需要时时刻刻关注和维护学生的心理健康。此时，拥有一定的心理健康技能成为提升传媒院校辅导员工作专业性的关键要素。例如，辅导员需要具备心理评估技能，能够识别学生的心理问题和心理需求；辅导员需要具备心理谈话技能，能够针对学生的心理问题提供相应的咨询服务，并有效地引导学生走出心理困境；辅导员还需要具备心理干预技能，能够缓解学生的心理困扰，改善学生的负面情绪。因此，心理健康技能不仅是辅导员队伍专业化的重要手段，也是辅导员工作的核心技能之一。

三、心理健康视角下传媒院校辅导员队伍建设路径

（一）完善辅导员选聘制度

传媒院校的专业差异性较大，学校应结合不同学院的实际情况和辅导员自身的专业背景、心理健康水平、所具备的心理健康知识和技能等，从多个角度考查辅导员的心理素质，完善相应的辅导员选聘制度，确保辅导员在工作中保持良好的状态。

首先，学校在选聘辅导员时，应重点考查应聘者的心理健康状况。在所发布的辅导员招聘信息中，可以明确要求应聘者提供相关的心理健康证明，如心理健康评估报告、心理医生的意见等。这可以让招聘人员更好地了解应聘者的心理健康情况，从而做出更

加全面准确的评估和决策。其次，利用专业心理测评工具对应聘者进行心理测评，以便更加客观地了解应聘者的心理健康水平。同时还需要考虑应聘者的心理健康历史，例如，如果应聘者曾经有过严重的心理健康问题，可能需要更加细致地评估其心理健康情况。此外，还要考查应聘者的心理健康知识和技能水平，在面试或测试环节，询问应聘者对心理健康知识的掌握和应用程度，例如，询问应聘者如何处理高压工作环境下的心理压力，如何在工作中应对学生的心理困境以及是否接受过心理健康教育和培训等。

（二）关注和维护辅导员的心理健康

关注和维护辅导员的心理健康，需要多方面的努力和改进。学校可以提供心理咨询和支持服务，例如开设心理健康咨询服务、提供心理健康培训、定期对辅导员进行心理健康检查等，让辅导员可以获得及时的心理帮助，以便更好地应对工作和生活中的压力和挑战；提供辅导员职业培训，帮助辅导员提升工作能力和自信心；畅通沟通渠道，让辅导员能够与上级领导、同事和学生家长保持良好的沟通；加强对辅导员工作负荷的管理，通过工作分配和支持措施来实现平衡；营造积极健康的工作氛围，减少工作压力和心理负担，增强辅导员的团队精神和合作意识，建立良好的人际关系，共同应对学生工作中面临的挑战。

（三）提高辅导员的心理知识技能

辅导员需要持续学习和更新知识，了解最新的心理学理论和应用技术，不断提高自己的专业水平，以更好地为学生提供心理健康服务。

一方面，辅导员应当加强心理学专业知识储备，多阅读心理学书籍，了解心理学不同方向的基本概念和理论，包括普通心理学、人格心理学、认知心理学、临床心理学等；积极参加学校或社会组织举办的心理学讲座、沙龙，学习青少年成长、发展与教育等方面的知识。除此之外，阅读专业的心理学期刊，了解最新的心理学理论和研究成果等，也是拓宽其视野和思路、更新现有心理健康知识的重要途径。

另一方面，辅导员应当提升心理健康技能水平。辅导员可以通过参加心理咨询培训班、参与心理健康服务的工作实践来提高自己的心理健康技能；此外还可以参加同行之间的交流会议或者网络社群，与心理咨询中心的老师或其他辅导员保持良好的沟通和交流，分享问题和经验，从而提高解决学生心理问题的能力。

（四）构建辅导员心理健康考核评价体系

构建辅导员心理健康考核评价体系，首先要明确考核的目的，确定需要考核的心理健康因素和指标。心理健康是一个复杂的概念，评价指标需要从多个方面考虑，如心理压力、情绪管理、人际关系等。① 具体考核数据可以通过辅导员技能大赛、心理健康教育案例、问卷调查、个人面谈、观察等多种方法进行采集。其次，制定考核标准。考核标准是对评价指标的具体描述和分值设定，确保评价结果客观、可靠、有效。再次，规范考核流程，包括考核前准备、考核过程和考核评价等环节。最后，分析考核结果并作出反馈，为辅导员提供相关的建议和指导，提供针对传媒院校辅导员个性化的心理健康干预和支持，帮助其改善心理健康状况。

需要注意的是，建立辅导员心理健康考核评价体系的目的是为了帮助辅导员改善心理健康状况，提升心理健康知识技能，考评结果并不用于批评和等级划分，因此要持续优化和改进评价体系，与心理健康管理和预防工作相结合，促进传媒院校辅导员队伍的高质量发展。

参考文献：

［1］谢敬．针对高校艺术类学生特点的管理对策分析［J］．文教资料，2010（16）：188-189.
［2］刘炜．辅导员促进传媒类专业学生全面发展的实践探讨［J］．现代交际，2020（22）：125-127.
［3］李金鹏．艺术类高校辅导员工作方法探析［J］．艺术评鉴，2019（3）：177-178.
［4］李俊杰．高校艺术类学生特点分析及思想教育对策［J］．文化学刊，2015（12）：106-109.
［5］阚斌斌．工作压力：高校辅导员队伍建设难点与应对［J］．高校辅导员学刊，2023，15（1）：35-40，97-98.
［6］林玲，王东爽．基于知识与技能交换的教师职业能力自主训练——以“心之翼”成长联盟自主训练活动为例［J］．教师，2017（11）：127-128.

（余宥依，武汉传媒学院教师）

① 林玲，王东爽．基于知识与技能交换的教师职业能力自主训练——以“心之翼”成长联盟自主训练活动为例[J].教师，2017（11）：127-128.

高校研究生担任兼职辅导员的路径探析

◎蒋梦妃

摘　要：高校思想政治工作关系高校培养什么样的人、如何培养人以及为谁培养人这个根本问题，事关党和人民事业后继有人这个根本大计。① 思政课教师与辅导员是当前高校大学生思政教育工作中不可或缺的主干力量，也是高校落实大学生思想政治教育创新与改革措施的主要执行者。随着辅导员在高校思政教育工作中发挥越来越重要的作用，以高校研究生作为兼职辅导员，协助专职辅导员加强对学生的思政教育工作，成为其中不可或缺的一部分。这在给高校思政教育工作注入新鲜血液的同时，也带来了一些新的问题。基于此，高校应建立科学合理的选拔机制，加强岗前培训，完善考核评价机制和相应的福利措施，以提升辅导员队伍的整体水平。

关键词：研究生兼职辅导员；优势；不足和问题；有效途径

2004 年 8 月 26 日，中共中央、国务院发出《关于进一步加强和改进大学生思想政治教育的意见》（以下简称《意见》）。《意见》强调指出，加强和改进大学生思想政治教育，提高他们的思想政治素质，把他们培养成为中国特色社会主义事业的建设者和接班人，具有重大而深远的战略意义。② 思政课教师与辅导员是当前高校大学生思政教育工作中不可或缺的主干力量，也是高校落实大学生思想政治教育创新与改革措施的主要执行者。因此，加强思想政治教育学科建设，培养思想政治教育工作专门人才，采取有效措施，着力建设一支高水平的辅导员、班主任队伍，是当前高校思政教育面临的重要任务。随着辅导员在高校思政教育工作中发挥越来越重要的作用，以高校研究生作为兼职辅导员，协助专职辅导员加强对学生的思政教育工作，成为其中不可或缺的一部分。

---

① 怀进鹏 . 不断推进高校思想政治工作高质量发展[N/OL].（2021-12-10）[2023-03-26]. 人民日报，http：//www.moe.gov.cn/jyb_xwfb/moe_176/202112/t20211210_586240.html.

② 学党史 明初心 |《关于进一步加强和改进大学生思想政治教育的意见》【第 86 期】. 参见 https：//m.thepaper.cn/baijiahao_14224671.

一、研究生兼职辅导员的优势

（一）富有创造力

一方面，高校在读研究生是富有创造力的一个群体，他们在学习、工作、生活方面都有强烈的追求，探索未知世界的欲望强烈，工作热情而充满积极性。这些都与工作一段时间了的专职辅导员形成了较大的差别。专职辅导员经过多年的工作积累后，往往容易陷入一种既有的工作模式；而对于研究生兼职辅导员来说，他们身为学生，会以身作则去处理学生问题，能够提供一种更合理、更容易接受的解决方案。研究生兼职辅导员的这种创造力也会影响到其他学生，促进学生不断提升综合素质，使高校思政工作得以顺利开展。

（二）工作热情负责

作为兼职辅导员的研究生，他们在对待人生中第一份工作的时候，会全身心地投入，认真负责地完成工作任务。研究生兼职辅导员普遍工作热情负责，对辅导员的职业身份心存敬畏，能够积极融入学生群体，以“双重身份”换位思考，理解大学生的思想心态，并与大学生建立生活上、情感上的联系，及时处理解决好问题。

（三）以身作则的标榜作用

研究生兼职辅导员一般都是各个高校的优秀学生，他们平时积极参与老师布置的任务，具有一定的执行力和解决问题的能力。同时，考研的过程对于他们来说也是一段重要的人生经历。这些经历可以让他们在担任兼职辅导员的过程中发挥以身作则的榜样作用。

二、研究生兼职辅导员制带来的不足和问题

（一）学生日常管理工作经验不足

当前，我国发展面临严峻复杂的国内外形势，与此同时，受互联网的影响，大学

生身上呈现出来的思想、行为也越来越多样化、复杂化。在这种情况下，面对各种复杂的突发情况，研究生作为兼职辅导员往往缺乏一定的生活积累和工作经验，在处理突发事件时，他们更多是以学生的工作经验去惯性思考问题，难以从大局出发，日常管理工作经验不足。

（二）处理问题不够冷静

研究生兼职辅导员在处理学生日常管理工作时，往往面临着研究生身份和辅导员身份转换问题，在日常工作中，特别是当紧急情况和突发事件发生时，他们往往处理问题不够冷静，这种角色身份的转换容易成为解决问题的桎梏。

（三）难以平衡学习和工作的关系

作为研究生兼职辅导员，他首先是一名研究生，在学业方面有一定的要求，需要不断完善自己的专业知识储备，提升学习能力和科研能力，铸就科研成果；其次才是兼职辅导员，学习之余协助专职辅导员处理学生日常管理工作中的问题。对于研究生兼职辅导员来说，如何平衡学习和工作的关系，实现身份和思想上的转变，是摆在他们面前的一道难题。

三、建设研究生兼职辅导员制的有效途径

（一）建立科学合理的选拔机制

2004 年，中共中央、国务院下发了《关于进一步加强和改进大学生思想政治教育工作的意见》（中发［2004］16 号），进一步明确了高校要培养社会主义事业的合格建设者和可靠接班人的培养目标，指出：高校辅导员是大学生思想政治教育的骨干力量，是高校学生日常思想政治教育和管理工作的组织者、实施者、指导者，是高等学校从事德育工作，保证高等教育事业持续健康发展不可或缺的重要力量。要切实加强和改进大学生思想政治教育工作，抓好高校辅导员建设是极其重要的一个方面。目前，各所高校对于专职辅导员有着严格的选拔机制，而对于兼职辅导员，则缺少与之相对应的完善的科学合理的选拔机制。

（二）加强研究生兼职辅导员的岗前培训

目前，各所高校在专职辅导员上岗之前都会为其安排岗前培训，这一点同样也同样也适用于研究生兼职辅导员。但碍于时间和条件所限，为研究生兼职辅导员安排的岗前培训少之又少，很多研究生匆忙上岗，尚未从学生的身份中走出来就迅速投入新的角色，这也使得很多工作的处理不够完善。因此，加强研究生兼职辅导员的岗前培训是当前高校思政教育工作的一项重要任务。

（三）完善对研究生兼职辅导员的考核评价机制

2004 年中共中央、国务院下发了《关于进一步加强和改进大学生思想政治教育工作的意见》（中发［2004］16 号），2006 年教育部制定下发了《普通高等学校辅导员队伍建设规定》（教育部令第 24 号），其中都对辅导员的角色职责、配备选聘和培养发展做出了要求。目前，各所高校都设立了完备的专职辅导员考核评价机制，而对于研究生兼职辅导员来说，考核过程偏形式主义，缺乏合理的考评指标，重结果轻过程，这些无疑都对人才培养不利。因此，完善对研究生兼职辅导员的考核评价机制，是高校领导需要不断在工作中改进的一项工作任务。

（四）完善相对应的奖惩福利待遇

目前，高校辅导员队伍建设主要以专职辅导员为主、兼职辅导员为辅，有关部门对研究生兼职辅导员的奖惩福利政策还未健全，鼓励和约束机制还不够。在注重岗位选拔、注重思想政治觉悟和理论知识的同时，学校也要加强兼职辅导员的岗位吸引力，加大宣传力度去吸引更多优秀的在校研究生，通过制定完善的奖惩福利待遇来鼓励大家参与竞选，为高校储备优秀人才，推动高校思想政治教育队伍走向专业化、职业化。

结语

近十年来，我国教育部对高校辅导员队伍建设的相关文件不断进行修订，例如 2017 年发布的《普通高等学校辅导员队伍建设规定》（教育部第 43 号令）中对辅导员的职责、配备和选聘、发展和培训以及管理和考核作出了明确的规定和要求：高等学校应当按总体上师生比不低于 1∶200 的比例设置专职辅导员岗位，按照专兼结合、以专为主的原则，足额配备到位；高等学校应当制定专门办法和激励保障机制，落实专职辅导员职务职级“双线”晋升要求，推动辅导员队伍专业化职业化建设。

当前，我国发展面临严峻复杂的国内外形势，与此同时，受互联网的影响，大学生身上呈现出来的思想、行为也越来越多样化、复杂化。作为与学生时刻相伴的辅导员，他们的工作任务量和内心所承受的压力也日益加重，高校辅导员岗位需求缺口较大。研究生兼职辅导员作为新鲜血液注入辅导员队伍，他们自身的创造力、对工作的认真负责态度以及所树立的榜样形象，天然地就成就了他们的工作优势，在一定程度上缓解了专职辅导员的压力。然而，研究生兼职辅导员在实际工作中因缺乏工作经验、处理问题不够冷静以及难以平衡学习和工作的关系等因素，无法自由切换“双重”身份，不能全面地考虑问题。这些都高校选拔研究生兼职辅导员提出了一定的挑战。建立健全研究生兼职辅导员选拔和考评机制系统化的岗前培训和考评，加强研究生兼职辅导员的岗前培训，同时完善对研究生兼职辅导员的考核评价机制和相对应的奖惩福利待遇，将有助于高校辅导员队伍走向专业化、职业化道路。

参考文献：

[1] 冯彩莲. 应增加高校兼职辅导员的比例[J]. 思想政治工作研究，2002（6）：42.

[2] 傅剑，刘青. 高校研究生担任兼职辅导员工作的思考[J]. 中国高等医学教育，2007（12）：41-42.

[3] 蒋丽琳，覃干超. 高校辅导员职业倦怠的现状调查和分析[J]. 教育与职业，2008（32）：62-64.

[4] 卢飞霞. 加强高校机关兼职辅导员工作简论[J]. 学校党建和思想教育，2011（25）：87-89.

[5] 赵其波，张丽红，等. 对高校研究生担任兼职辅导员工作的思考[J]. 教育探索，2012（3）：116-117.

[6] 戚昕，陈国鹏. 高校辅导员兼职心理辅导的利弊与对策[J]. 当代教育科学，2012（13）：36-38.

[7] 李军海，张敬蕾. 高校兼职辅导员的角色分析[J]. 中国成人教育，2015（13）：73-75.

[8] 陈朝娟，徐志远，邓欢. 高校辅导员职业形象构建的价值意蕴[J]. 学校党建和思想教育，2019（23）：72-74.

（蒋梦妃，武汉传媒学院马克思主义学院教师）

高校治理

习近平法治思想下高校依法治校新路径研究

◎周倩文

摘　要：随着国家从不同层面推动法治化进程，高等教育的发展已经从规模扩张进入更加注重质量和内涵式发展的新阶段。在全面依法治国背景下，高校要以习近平法治思想为指导，将法治作为高校办学的重要理念，坚持法治思维、法治原则和法治方式，在实现依法治校的实践路径上，多管齐下、多措并举、多点发力，加强党的领导，全面依法治校，推动高校法治文化建设，建立健全相关法律法规，畅通反馈渠道并落实权益保护，不断提高高校依法治校能力和治理体系的现代化，推动高等教育事业的高质量发展。

关键词：习近平法治理念；高校管理；依法治校；新路径

习近平在深圳经济特区建立40周年庆祝大会上的谈话强调，要让法治成为社会的共识和基本准则。[①] 在习近平法治思想的指导下，教育部自十八大以来，围绕推动高校治理能力和治理体系现代化，提高高校法治治校理念，对高校依法治校工作进行部署，这为进一步推行建立现代化大学，提高高等教育质量提供了重要支撑和保障。目前，各高校依法治校的意识有明显提高，并积累了丰富的实践经验。但依法治校不是一蹴而就的简单过程，面对新形势和新任务，高校需要继续坚持习近平法治思想的指引，运用法治思维和法治方式办学治校，推动各项治理措施的有序实施，不断提高高校治理能力和治理水平。

一、习近平法治思想与高校依法治校

党的十八大以来，党中央高度重视全面依法治国，并将全面依法治国纳入“四个

① 全面加强法治工作 推进高等学校治理体系和治理能力现代化［EB/OL］.（2020-11-20）［2023-03-18］.https：//baijiahao.baidu.com/s?id=1683861342840028981&wfr=spider&for=pc.

战略布局”予以推进。2022年中央召开的第一次全面依法治国工作会议对推进全面依法治国进行了相应的战略部署，并确定了习近平法治思想的指导地位。习近平对全面依法治国发表了一系列讲话，其法治思想论述深刻、逻辑严密、内涵丰富、思想深刻，提出了关于依法治国的“十一个坚持”。[①]“十一个坚持”分别从全面依法治国的政治方向、重要地位、工作布局、重点任务等方面作出战略部署，具有重要的现实意义和深远的历史意义，[②]是全面依法治国的根本遵循和行动指南。高校依法治校是依法治国工程的重要组成部分，是新时期教育领域落实依法治国新理念、新思想、新战略的具体体现。教育事业作为国家发展事业中的重要一环，理应将习近平法治思想作为治校的根本遵循和行动指南。

2019年中共中央、国务院印发了《中国教育现代化2035》，要求各地区、各部门结合实际认真贯彻落实。教育的现代化涉及教育治理体系和治理能力现代化，涉及学校自主能力的提高、治理结构的完善、章程的建设等方面，其中实现依法治校、依法治理是推进教育现代化的重要方向。习近平总书记针对教育法治发展所发表的系列论述对于指导高校依法治校具有重要指导作用。2017年习近平考察中国政法大学时强调：“要坚持中国特色社会主义法治道路，坚持以马克思主义法学思想和中国特色社会主义法治理论为指导，立德树人，德法兼修，培养大批高素质法治人才。”[③]2018年召开全国教育大会，习近平在会议上强调要依法治教、依法办学和依法治校。[④]在此背景下，将习近平法治思想的基本精神、核心内涵转化为高校管理的实践，贯穿于治校的全过程，通过不断的改革，破解当前依法治校的困境，确保教学、科研、管理等各项事务在法治轨道正常运行，提高高校治理体系和治理能力现代化水平，是实现教育现代化的必由之路。

---

① 高静．浅析法治思维在高校管理工作中的运用[J]. 法制与社会，2020（3）：159-160. DOI：10.19387/j.cnki.1009-0592.2020.01.315.

② 张文显．习近平法治思想的理论体系[J]. 法制与社会发展，2021，27（1）：5-54.

③ 习近平在中国政法大学考察时强调 立德树人德法兼修抓好法治人才培养 励志勤学刻苦磨炼促进青年成长进步[J]. 中国火炬，2017（5）：2.

④ 陈宝生．全面推进依法治教为加快教育现代化、建设教育强国提供坚实保障——在全国教育法治工作会议上的讲话（2018年11月29日）[J]. 青少年法治教育，2019（1）：3-10.

二、全面推进高校依法治校的时代价值

（一）依法治国理念在高校治理过程中的贯彻体现

在党的二十大报告中，习近平总书记强调坚持全面依法治国，推进法治中国建设。全面推进依法治国涉及社会系统的方方面面，是国家治理领域的一场广泛而深刻的革命。在推进法治国家和法治社会建设过程中，教育领域依法治国理念的实现需要贯彻法治精神，贯彻习近平关于教育法治建设的重要精神和理念，让依法治国理念深入高校。高校作为培养高素质人才的重要阵地，在管理师生方面实现制度化、程序化、法治化，有利于推动民主法治、文明和谐的高校氛围的建立，促进高校教育质量的提升。此外，高校通过在课堂和各种形式的校园活动中引导学生学法、知法、守法，帮助学生树立正确的法治观念，也为法治国家的建设提供了人才基础。

（二）高校治理现代化的内在要求

依法治校是治校现代化的内在要求和必然结果。① 中国是人情社会，注重关系与人情。受传统人情理念的影响，在高校治理过程中也存在人治现象。历史经验表明，人治在管理过程中会带来不稳定性，损害管理效率和水平，并不符合高校现代化管理的要求。通过建立并完善高校法治管理的相关制度、方式等，可以有效避免人治现象所带来的管理随意和无序情况的出现。因此，高校管理进步需要在习近平法治思想指导下构建依法治校管理体系，这也是高校治理现代化的内在要求。

（三）推动高等教育事业发展的有效途径

当前教育改革发展正进入攻坚区和深水区，改革的难度和任务之重前所未见。随着国家采取一系列举措推动高等教育的不断发展，大学与整个社会的关系发生了质的变化，以往在多数人的观念中都认为大学是“象牙塔”，与社会保持相对独立的状态。但现在这一观念并不能准确说明大学的性质。② 国家在教育领域经过多年探索，高校治理结构中政府调控的行政职能已逐步转为以“法律法规”为导向，权力关系已逐步

---

① 李靖，陈兵．高校依法治校的困境与路径选择[J].黑龙江教育（高教研究与评估），2018（2）：22-24.

② 法治先行　加快推进高校治理体系现代化[EB/OL].（2022-06-28）[2023-03-19]. https：//baijiahao.baidu.com/s?id=1736845099945641713&wfr=spider&for=pc.

转变为以“扩大办学自主权”为导向，办学体制已逐步确定为“多样化”办学。[①]这表明高校治理过程中已朝着政府放权、高校自主办学的方向转变，高校以独立法人的身份面向社会。党的十八大以来确立的高等教育发展目标就是通过教育部署和改革建立现代大学制度，这不仅是所有高校发展的必然趋势，也是与国际教育相接轨的必由之路。建立现代大学制度离不开依法治校，必须建立相应的法律规章制度来确保有法可依，高校才能在发展过程中真正拥有自主权，通过严格执法保障相关制度的落地。通过依法治校，可以帮助高校协调与社会、政府和内部机构的各种关系，这对高等教育的长足发展具有重要意义。[②]

三、高校依法治校的现状分析

（一）依法治校理念相对滞后

高校各层管理人员的法律水平参差不齐，自身法律意识比较缺乏，日常工作中并不善于依法行事，[③]常会根据领导人和管理者的意愿来决定学校的发展方向和管理行为，管理制度因领导人的变更而改变，存在“权大于法”“人大于法”的现象。此类现象的存在势必会导致高校治校过程中不公平及侵权现象的产生，这显然与“法治”理念相违背。此外，就高校师生而言，除法学专业的师生具备较高的法律素养外，其他师生对于法律知识并没有进行深入、系统的学习，当权益受侵害时，难以利用法律的武器来维护自身权益。所以说，当前的依法治校管理距离成熟期还有相当一段距离。[④]

（二）高校管理“行政化”问题仍然存在

目前，高校内部仍存在管理体系“行政化”问题，对于行政的依赖大于法律，阻碍了高校的依法治校进程。大多数高校设置行政管理部门的组织架构多数会参考政府工作部门的体系，导致行政群体庞杂，部分教师兼具行政管理人员身份和学科领头人、

①② 刘小亚，刘骥才，张磊．“依法治校”在高校管理中的应用思考与探究［J］．法制与社会，2020（36）：145-146.DOI：10.19387/j.cnki.1009-0592.2020.12.246.

③ 高静．浅析法治思维在高校管理工作中的运用［J］．法制与社会，2020（3）：159-160.DOI：10.19387/j.cnki.1009-0592.2020.01.315.

④ 侯璐，郑雪莹．法治思维：高校开展依法治校的基本思维模式［J］．黑龙江教育学院学报，2017（10）：148-150.

授课教师身份[①]学习管理出现政治化现象，腐败现象容易滋生。

（三）相关规章制度不完善

从高校各项规章制度来看，现有的关于高校管理的法律法规制度并不完善，不能完全涵盖教育管理全过程。从内容上来看，部分已制定的规章制度缺乏法律依据，且与当前高校管理的发展不相适应。这将导致管理人员在管理过程中无法可依，管理落后，各种矛盾和纠纷频繁发生。此时如果处理方式稍有不当，将会进一步激化矛盾，严重阻碍高校各项管理工作的顺利开展。

（四）缺乏完善的内部救济制度和渠道

高校在日常管理过程中，因自身的管理模式与当前的发展情况不符，加之高校师生的维权意识逐渐增强，师生与学校之间的纠纷越来越多且越来越激烈。当纠纷发生时，如果高校内部可以及时且适当地进行处理，为权益受侵害的师生提供有效的救济途径，那么诸多的矛盾都将在高校内部自行消化。但目前的状况是因处理程序不当或观念存在冲突，缺乏有效的内部救济制度与途径，权益受侵害的师生无法有效维护自身权益，只能诉诸法律加以解决。内部救济制度和渠道的不完善，不利于高校与师生之间的冲突解决，这显然与依法治校的理念相冲突。

四、高校依法治校的新路径

（一）加强党对依法治校的全面领导

《高等教育法》第三十九条规定，国家举办的高等学校实行中国共产党高等学校基层委员会领导下的校长负责制。十八大以来，习近平在针对教育的系列讲话中强调，坚持党对教育事业的全面领导，治党治校的主要职责应当由高校党委承担。党对高校工作的全面领导是新时代全面推进高校依法治校的重要方向保证，这高度符合当前我国高校建立社会主义办学方向的要求，对培育出合格的社会主义事业建设者和接班人具有举足轻重的作用。在依法治校的过程中必须坚持并加强党的领导，这有利于提高高校党委运用办学法治思路和法治方式开展工作的能力，可以在全校范围内凝聚成法

① 夏轩．新形势下高校行政管理存在的问题及优化措施［J］．办公室业务，2022（20）：85-87.

治治校共识，规范高校各项事业发展行为，实现高质量发展。[①]

（二）建立健全相关法律法规

高校管理工作顶层设计的建立和完善，为高校依法治校提供了有效的上层建筑保障。在建立健全依法治校的法律制度方面，要在符合法律基本精神的基础上，确保内容上不能与上位法及相关法律法规相抵触。合理合法的各项规章制度是高校日常开展各项工作的重要前提，同时也是学校进行日常管理工作的重要基础。作为高校管理工作的指导性及纲领性文件，依法治校的法律法规应具有科学性、合法合理性、公平性等特点。[②]同时，还需具有可操作性，要确保各项制度可以细化到管理工作的各方面。

此外，各项规章制度的内容需要根据新问题不断进行调整和改进，以保证内容与高校发展的新情况相适应。

（三）推动高校法治文化建设

在国家推进依法治国、高校实行依法治校的过程中，推动高校法治文化建设是重要的外部环境保证。法律意识和思维的培养并不能一蹴而就，需要在日积月累及潜移默化的影响下形成。因此，在依法治校不断深入的背景下，高校为了确保法治工作的有效开展，就必须加强自身的法治文化工作建设，为依法治校构建良好的校园环境。

（四）畅通反馈渠道并落实权益救济机制

全面推进高校依法办学，不仅需要有相关规章制度的保证，还需要有确保制度得以顺利运行的有效的监督反馈机制、信息公开机制及师生权益救济机制。首先，高校在依法治校过程中，应当严格执行民主程序，认真听取师生意见，保障群众的知情权、参与权、表达权、监督权。其次，高校要完善信息公开机制，通过专门的信息公开渠道，使师生有途径行使他们的知情权。最后，完善师生权益救济机制，积极探索在法治框架下构建多元矛盾纠纷解决程序。充分发挥教职工诉委和学生诉委的作用，综合运用调解、申诉等多元化争端解决机制，坚持正当程序原则，保证处置程序公开、公平、公正，充分保障师生合法权益。

---

① 吴永红．习近平法治思想指引下新时代高校依法治校的实践路径［J］．教育评论，2022（6）：63-68.

② 高静．浅析法治思维在高校管理工作中的运用［J］．法制与社会，2020（3）：159-160.DOI：10.19387/j.cnki.1009-0592.2020.01.315.

参考文献：

[1] 全面加强法治工作 推进高等学校治理体系和治理能力现代化［EB/OL］.（2020-11-20）［2023-03-18］.https：//baijiahao.baidu.com/s?id=1683861342840028981&wfr=spider&for=pc.

[2] 高静 . 浅析法治思维在高校管理工作中的运用［J］. 法制与社会，2020（3）：159-160.DOI：10.19387/j.cnki.1009-0592.2020.01.315.

[3] 张文显 . 习近平法治思想的理论体系［J］. 法制与社会发展，2021，27（1）：5-54.

[4] 习近平在中国政法大学考察时强调 立德树人德法兼修抓好法治人才培养 励志勤学刻苦磨炼促进青年成长进步［J］. 中国火炬，2017（5）：2.

[5] 陈宝生 . 全面推进依法治教为加快教育现代化、建设教育强国提供坚实保障——在全国教育法治工作会议上的讲话（2018 年 11 月 29 日）［J］. 青少年法治教育，2019（1）：3-10.

[6] 李靖，陈兵 . 高校依法治校的困境与路径选择［J］. 黑龙江教育（高教研究与评估），2018（2）：22-24.

[7] 法治先行　加快推进高校治理体系现代化［EB/OL］.（2022-06-28）［2023-03-19］.https：//baijiahao.baidu.com/s?id=1736845099945641713&wfr=spider&for=pc.

[8] 刘小亚，刘骥才，张磊 .“依法治校”在高校管理中的应用思考与探究［J］. 法制与社会，2020（36）：145-146.DOI：10.19387/j.cnki.1009-0592.2020.12.246.

[9] 侯璐，郑雪莹 . 法治思维：高校开展依法治校的基本思维模式［J］. 黑龙江教育学院学报，2017（10）：148-150.

[10] 夏轩 . 新形势下高校行政管理存在的问题及优化措施［J］. 办公室业务，2022（20）：85-87.

[11] 吴永红 . 习近平法治思想指引下新时代高校依法治校的实践路径［J］. 教育评论，2022（6）：63-68.

[12] 邓传淮 . 深化依法治校 推动习近平法治思想进学校进课堂进头脑［J］. 人民教育，2022（12）：1.

（周倩文，武汉传媒学院马克思主义学院教师）

赋能视角下民办高校落实新“双导师制”的路径选择与现实考量*

◎朱傲雪

摘 要：目前，国内大多数民办高校所实行的“导师制”或“双导师制”，基本都是由一名专任教师或是联合政企协的校外导师对人才培养进行引导和规划。与之相区别，本文所指的“双导师制”创新性地将学生导师引入其中，这种人才培养模式不仅可以充分发挥教师的主体作用，而且能够培养学生的责任担当意识，实现师生发展双赢。本文深入分析了赋能视角下民办高校落实新“双导师制”的路径选择与现实意义，旨在通过对民办高校双导师制实行的探索和实践，总结出一套切实可行的办法，为其他民办高校创新人才培养模式提供一定的借鉴。

关键词：赋能；双导师制；民办高吸；路径研究

一、问题的提出

在中国的高等教育结构中，民办高校有其独特的角色定位。近年来，民办高校发展迅速，生源不断扩充，为了实现自身的可持续发展，民办高校必须以提高教学质量和学生的综合素质为核心，实现人才培养模式的创新。我们通常所说的“双导师制”指的是在实施校企合作过程中，学生在企业顶岗实习配备两个导师，在校企合作培养技能型人才过程中，两个导师各司其职：校内导师负责学生的课程学习和毕业设计的指导；校外导师侧重培养学生在课堂之外的能力素养，强化学生的实践能力、沟通能力和职业道德等的训练。这种“双导师制”培养模式能够充分利用学校、企业两种教

* 本文系教育部人文社会科学研究项目“建党百年中国共产党关于‘五育并举’培养青年的落实机制研究”（项目编号：21JDSZ3066）、武汉传媒学院2023年校级教学改革研究项目“民办高校‘双导师制’育人范式的探索与创新”（项目编号：XJ2023138）的阶段性成果。

学资源和环境，培养社会需要的高素质技能型人才。但是在实施过程中也出现了诸多问题，如生师比例过大、校外导师疲于应付、校内导师工作敷衍等情况。因此，顺应社会发展和时代背景，结合各高校自身办学特色与人才培养需求创新性发展就显得尤为必要。

本文探究的新“双导师制”，是基于教师导师和学生导师的一种创新导师制度，它指的是从大一新生入学起就给每一位学生配备一个教师导师和一个学生导师（高年级学生），其中教师导师一对多，学生导师争取一对一。两位导师充分参与到学生日常生活和学习管理中，帮助大一新生适应大学学习环境和生活方式；指导学生学习专业知识，了解行业情况；鼓励学生参与科学研究；关注学生的思想动态，并积极引导，使学生身心健康发展，努力实现师生发展双赢。

二、赋能与新“双导师制”的结合契机

“赋能”最初是一个心理学概念，指“个体或者组织对客观环境与条件拥有更强的控制能力来取代无力感的过程”。被赋能过程取代的无力感与心理学中的另一概念“自我效能感”相对应。自我效能感是“人们对自身能否利用所拥有的技能去完成某项工作行为的自信程度”，它是将能力转化为行为的中介，需要通过“正式或非正式的组织实践”来提升。

20 世纪 90 年代，赋能概念被广泛应用于人力资源管理领域，形成了管理学中的授权赋能概念。授权赋能意指“授予员工职权并提高其能力”。相比传统的授权管理方式，授权赋能最大的不同是将授予权力的范围从“职位权力”扩展到了“非职位权力”，同时将“培养能力”作为一项重要的管理目标，而产生这种差异的根源在于授权赋能的非零和博弈思维，它主张“当两个或更多的人共同分享信息、知识及责任时，总体权力会增加”。通过释放员工的潜能实现组织创新是授权赋能的核心要义，具体来说是从组织层面建立授权赋能的制度与氛围，在员工层面提升其自我效能感与工作主动性，在领导层面强调对下属的激励、培养与权力授予，即授权赋能的三个关键维度——结构赋能、心理赋能和领导赋能。

对于教师来说，新“双导师制”就是赋予其传道、授业、解惑以外的领导能力，对于学生来说，就是赋予其作为导师的执行能力，为他们提供更大的创新性空间，通过分权使组织成员拥有个体自主性，从而使成员和组织具备一种能力获得感。

三、新“双导师制”的工作框架和拟解决的问题

新“双导师制”是将思想教育和专业教育相结合，以个性化教育为基本手段，以专业教育为重点，对学生实施全方位、全阶段的培养。

（一）新“双导师制”的工作框架

1. 学习生活“1+2”模式

每一位大一新生从入校之日起就会配备一名“教师导师”和一名“学生导师”。其中，教师导师对学生进行一对多辅导（学生同时上线不可超过 4 人），学生导师对学生进行一对一辅导。教师导师为本学院或本校的专任教师，学生导师为高年级学生，辅导期限均为 1 年。教师导师主要负责处理学生的一些心理健康问题，比如从高中生到大学生的角色转变中出现的问题；学生导师则负责引导新生入校后的社团活动，解决一些生活上的难题等。教师导师和学生导师分工明确，重点关注特殊人群（如心理健康测评分数较低、家庭条件状况较差的学生），保障学生在校期间的心理得到健康发展。

2. 交流互动“1+4”模式

教师导师和学生导师每学期至少和学生在线下交流 1 次、线上交流 4 次，认真做好沟通笔记。重点关注处于迷茫期的学生，必要时可以与学校的心理咨询中心进行合作辅导。

3. 表彰激励“1+1”模式

对于落实新“双导师制”的优秀学院和导师个人（包括教师导师和学生导师），学校可以在年度考评时给予额外加分。具体考核方法如下：每学期末将导师制本回收至各学院办公室，由院领导评选出若干名院级优秀导师，再由各学院推荐至校学工处，评选出若干校级优秀导师，校学工处根据最后的评选结果，选出落实“双导师制”的优秀学院。

（二）新“双导师制”拟解决的问题

1. 思想观念上的误区

一些高校教师认为学生的学习是学生自己的事，学得好坏与教师无关，这种思想

观念无疑将教书和育人人为地割裂开来。新“双导师制”的实行可以帮助教师深刻地认识到自身的育人主体作用，在育人思想上进一步提升。

2. 现行“导师制”“双导师制”生师比例过高

这是大多数实行“导师制”和“双导师制”的高校中普遍存在的问题。一名导师兼顾多名学生，疲于应付，导师制名存实亡。新“双导师制”所探索的线上线下同步指导新模式，可以逐步解决因为生师比例过高而产生的指导效率下降问题。

3. 现行“导师制”“双导师制”缺乏监督机制和激励机制

目前，很多高校的导师制缺乏制度的约束，随意性比较大，甚至有些高校实行的“导师制”“双导师制”只是流于形式，名不副实。新“双导师制”旨在探索出一套合理的监督激励机制，对导师的教书和育人工作给予有效的监督和及时、恰当的指导，激发导师的指导热情。

4. 部分二级学院本身不招生影响专业教师职业发展

当前，许多民办高校的马克思主义学院或者体育学院（体育系部）等并没有自己的专业学生，而学院的教师职称评定要求教师具有班主任工作经验并且达到一定的年限，那么二级学院本身不招生这个客观事实就或多或少地会影响到本学院教师的发展，新“双导师制”的实行可以较好地解决此问题。

四、落实新“双导师制”的现实考量

在落实新“双导师制”的过程中，学校需要充分考虑学生的诉求和期望，增强教师的使命感，激发学生的责任感、参与感和认同感，使其能够惠及全校师生，实现师生发展双赢。

（一）落实新“双导师制”有利于教书育人的有机结合，充分发挥教师的育人主体作用

对于教师来说，新“双导师制”赋予了其传道、授业、解惑以外的领导能力，对于学生来说，赋予了其作为导师的执行能力，为他们提供了更大的创新性空间，使教书与育人得到了更紧密的结合，发挥了教师的育人主体作用。

（二）落实新“双导师制”有利于增强学生的责任担当意识，以身示范促提升

大学四年，有的学生浑浑噩噩，有的“宅”在寝室不上课不出门，有的甚至一无所获，这已然成为高校的普遍现象。花大力气迈入大学门槛，如何使大学生活丰富多彩，如何使学生全面发展，让学生成为导师就是一个大胆且创新的尝试。在从学生向学生导师转变的过程中，学生的责任感和参与意识无疑得到了显著提升。

（三）落实新“双导师制”有利于壮大学生思想教育队伍，丰富大学生思想政治教育内涵

2016 年 12 月 7 日至 8 日，全国高校思想政治工作会议召开，习近平总书记强调，要坚持把立德树人作为中心环节，把思想政治工作贯穿教育教学全过程，实现全程育人、全方位育人，努力开创我国高等教育事业发展新局面。我们探索的新“双导师制”，其实是对传统的思政课授课的高校思政教育单一模式的一种有效补充，不仅壮大了大学生思想政治教育队伍，同时也丰富了大学生思想政治教育内涵。

（四）落实新“双导师制”有利于因材施教，帮助学生树立个性化的发展目标

学生的差异是客观存在的，不以人的意志为转移。面对这些差异，任何整齐划一的做法都注定要失败。正确的选择应该是尊重差异，认真对待差异，把差异当作一种资源来开发。落实“新导师制”，教师导师和学生导师各司其职，深入学生的生活，与学生进行有效的沟通，不仅能够掌握学生的学习和生活状况，还能够及时了解学生心理上的变化，因材施教，帮助学生树立个性化的发展目标。

参考文献：

［1］刘云，石金涛．组织创新气氛对员工心理赋能的影响研究［J］．科学学与科学技术管理，2009，30（2）：6.

［2］周文辉，李兵，周依芳，等．创业平台赋能对创业绩效的影响：基于“海尔＋雷神”的案例研究［J］．管理评论，2018，30（12）：9.

［3］雷巧玲．授权赋能研究综述［J］．科技进步与对策，2006，23（8）：4.

［4］周文霞，郭桂萍．自我效能感：概念，理论和应用［J］．中国人民大学学报，2006（1）：7.

［5］胡海波，卢海涛．企业商业生态系统演化中价值共创研究——数字化赋能视角［J］．经济管理，2018，40（8）：17.

［6］潘煜双．“双导师制”在应用型人才培养中的探索与实践——以嘉兴学院财会本科专业为例［J］.

嘉兴学院学报，2008，20（4）：6

［7］赵吉，傅毅，梅娟，等．高职“双导师制”拔尖人才培养模式研究和探索——以“计算机应用技术”专业为例［J］．教育教学论坛，2018（23）：261-262.

［8］高俊国，迟晓红，郭宁，等．基于校企双导师制的产学研用协同创新人才培养模式探索［EB/OL］．（2016-12-11）［2023-08-25］.https://kns.cnki.net/KCMS/detail/detail.aspx?dbcode=CPFD&filename=HLGJ201612001065.

［9］宋兴甫．论“双导师制”的内涵及模型建构——基于河南省教育类课程“双导师制”的试行［J］．机械职业教育，2017（1）：51-56.

［10］陈裕先，江民华．工学结合“双导师制”人才培养——以新余学院光伏专业为例［J］．新余学院学报，2010，15（6）：97-98.

［11］沈红五．护理本科生双导师制带教模式的实践［J］．护理学杂志（综合版），2006（11）：56-58.

［12］舒卫英，沈金辉．“双导师制”人才培养体系构建的实践［J］．职业技术教育，2008（23）：75-76.

［13］周红康．双导师制：创新型研究生培养的新机制［J］．江苏高教，2006（5）：3.

［14］徐瑞．学校规章制度的现实问题及发展走向［J］．教学与管理（中学版），2002（7）：3.

［15］何齐宗．导师制与本科人才培养研究［M］．北京：中国社会科学出版社，2014.

［16］何齐宗，蔡连玉．本科生导师制：形式主义与思想共识［J］．高等教育研究，2012（1）：6.

［17］丁林．本科生导师制：意义、困境与出路［J］．黑龙江高教研究，2009（5）：74-77.

［18］安建华，程长羽．加大高校人才培养力度的新模式——双导师制［J］．河北大学成人教育学院学报，2003，5（1）：3.

［19］罗国基．地方高校本科生导师制实施状况的调查分析［J］．教育与职业，2007（29）：3.

［20］罗国基，周敏丹，王迎娜．近年来高校本科生导师制研究综述［J］．东华理工学院学报（社会科学版），2007，26（4）：6.

（朱傲雪，武汉传媒学院马克思主义学院教师）

高校学生管理须突出做好意识形态工作

◎刘　佳

摘　要：意识形态关系到政治立场、价值取向、行动方向，对社会成员起到凝聚共识、统合力量、加油鼓劲的作用。思想是行为的先导。面对国内改革发展稳定重任、国际纷繁复杂局势，在各种社会思潮的影响下，高校应充分认识到意识形态工作的极端重要性，也要把做好意识形态工作作为高校管理的基础性工作来抓，通过帮助青年学生坚定理想信念，提升思想道德修养，让高校学生管理工作起到事半功倍的效果。因此，高校应把意识形态工作作为做好学生工作的出发点和落脚点，以思想政治教育端正学生行为，以良好的学生行为彰显学校管理成效。

关键词：高校；学生管理；意识形态工作

意识形态工作被人们形象地称为“在头脑里搞建设”“在人的心田里做绿化”。按照马克思主义观点，意识形态属于哲学范畴。哲学的基本问题是思维和存在的关系问题，在历史领域表现为社会存在和社会意识的关系问题。根据社会意识形式和经济基础的关系，可将社会意识形式区分为上层建筑的社会意识形式和非上层建筑的社会意识形式，即由一定的社会经济基础决定，并为该社会经济基础服务的社会意识形式就是上层建筑的社会意识，而上层建筑的社会意识就是意识形态，如政治思想、法律、道德、艺术、宗教、哲学等。①

随着冷战的结束以及经济全球化的到来，意识形态不再成为处理国家间关系以及国家内部不同群体之间关系的重要标准，但是意识形态的斗争从未消失，而且这种斗争变得更加隐秘。改革开放以来，在经济全球化和信息技术的推动下，国家间政治、经济、文化交流日益紧密，各种社会思潮相互激荡，一方面开拓了青年学生的视野，而另一方面伴随着价值观传输和思想渗透，青年学生的思想也产生了一定程度的波动，比如个人主义、消费主义、享乐主义甚嚣尘上。在各种社会思想的影响下，青年学生

① 杨荣刚．国内学术界关于列宁意识形态理论研究的回顾与前瞻［J］．湖北行政学院学报，2022（6）：83.

不可避免在理想和现实、主义和问题、利己和利他、小我和大我、民族和世界等方面遇到思想困惑。[①]思想是行为的先导，理论是行动的指南。高校通过加强意识形态工作，可以在思想层面上对大学生进行深入细致的教育和引导，消除大学生思想上的模糊认识，使其从内心深处对党的路线方针、国家政策要求以及学校规章制度产生强烈的认同感和遵守意识。因此，在高校学生管理工作中，应把意识形态工作放在突出重点位置，从根本上解决高校学生管理工作难题，对学生的品行产生持久性、深层次的影响，进而为高校学生管理工作带来良好成效。

一、高校学生管理中加强意识形态工作的意义

习近平总书记在全国宣传思想工作会议上的讲话中强调，经济建设是党的中心工作，意识形态工作是党的一项极端重要的工作。对此，我们要深入学习领会、全面贯彻落实。[②]历史和现实反复证明，能否做好意识形态工作事关党的前途命运，事关国家长治久安，事关民族凝聚力和向心力。一个政权的瓦解往往是从思想领域开始的，政治的动荡、政权的更迭可能在一夜之间发生，但思想演化是个长期过程。思想防线被攻破了，其他防线就很难守住。青年学生最具创新热情、最富思辨精神，容易受到各种思想的影响。无论从国家政治安全来说，还是从高校学生管理的现实考量，强化意识形态工作都意义重大。

（一）引导高校学生树立正确的世界观、人生观、价值观

高校要始终牢记为党育人、为国育才的初心使命，坚持价值引领与知识传授同时进行，确保高校始终作为培养社会主义事业建设者和接班人的主阵地，为实现第二个“百年目标”提供有力人才支撑和丰富智力资源。因此，高校必须把意识形态目标作为一切教育活动的首要目标和根本目标，贯穿于高校教育全过程。对于青年学生来说，大学阶段是其价值观塑造的关键时期。高校在学生管理工作中，除了要加强知识技能教育外，还应该把意识形态工作摆在突出位置，引导学生形成正确的思想政治意识，树立正确的世界观、人生观、价值观。有了正确的价值理念做基础，大学生在参与学

① 习近平．在庆祝中国共产主义青年团成立 100 周年大会上的讲话[EB/OL].（2022-05-10）[2022-06-09]. https：//m.gmw.cn/baijia/2022-06/09/35799362.html.

② 意识形态工作是党的一项极端重要的工作[N/OL].（2018-08-17）[2023-03-26]. 陕西日报，http：//www.china.com.cn/opinion/theory/2018-08/17/content_59020371.htm.

校教学活动以及未来的人生和社会发展中，在大是大非面前，能够站稳立场，在纷繁复杂的局势面前，能够科学判断，在各种思潮侵扰面前，能够坚定理想信念。因此，加强意识形态工作，帮助青年学生在人生起步阶段树立正确价值观，是高校树德立人的重要使命。

（二）强化高校学生的纪律规矩意识

高校学生管理工作，关键在于制度制定，重点在于制度治理效能。认同制度，遵从制度，需要有足够的纪律规矩意识。加强意识形态工作，让高校学生认识到学校制定规章制度是从维护广大在校学生的共同利益出发的，制度的制定和执行要有约束力。青年学生要有规矩意识，要善于在规则制度的框架内行使自己的权利。加强意识形态工作，要消除学生思想上对制度规矩的抵触，理性认识制度的约束力，把遵守制度的思想自觉转化为行动自觉。这样不仅能够提升高校管理工作的效率，还有利于构建和谐有序的教学生活秩序。

（三）纾解高校网络舆情

当前高校学生主体由“90后”转变为“00后”。在互联网信息时代，“90后”是现实与网络交融的一代，“00后”则完全属于互联网原居民，其成长过程中深度接触互联网，互联网对“00后”群体形成了潜移默化的影响。这就造成“00”后群体“在看待事物的角度上，喜欢追求创新、差异，不习惯于‘按部就班’‘循规蹈矩’，习惯于在大众化的观点中，努力挖掘新意，表达与众不同的观点”[①]。这不仅给高校舆情工作带来了挑战，也对高校学生管理形成了潜在威胁。加强高校学生意识形态工作，纾解网络舆情，避免网络舆情发酵产生负面效应，干扰学校正常的教学工作，影响学生正常的思维判断，对于学生个人发展以及学校整体发展都非常重要。

（四）构建“大思政”格局

高校学生管理突出意识形态工作，可促进思政、专业教学、学校管理协同前行、相得益彰，打破管理与教学的“孤岛效应”，让学校党委、学院党支部、思政教师、专业技能教师、学生管理人员共同从思政层面加强学校教学管理工作，构建三全育人“大思政”格局，注重知识、能力与价值观“三位一体”，“基因式”融入教学、管理

① 姜杰，张金铭．“大思政”格局下高校网络舆论环境建设，中国冶金教育，2022（3）：105.

工作，让教学、管理工作有“思政味道”，将立德树人贯彻到高校工作全过程、全方位、全员之中，构筑育人大格局，为高校教书育人构建一张“润物无声”的网。

二、高校学生管理中关于意识形态工作上的不足

当前，高校坚持“以学生为中心”的发展理念，把立德树人作为根本任务，在教学科研和学生管理上取得了平衡，扭转了过去学术研究型大学“重科研教学，轻管理”，应用技术型大学“重管理，轻教学”的局面。但从意识形态工作角度来看，当前高校学生管理工作中仍有一定的不足。

（一）对意识形态工作重视不足

当前，在以教学、科研成果为导向的考核机制下，高校把主要精力放在科研教学上，努力多出成果，多拿项目，推动学校向高层次高水平发展，都做到了“教书”。但是在“育人”方面，部分高校认为周期长、效果不明显，对意识形态工作重视程度不够，部分高校也未深刻认识到意识形态工作对学生行为规范、学生管理的重要性。导致当前，无论是“双一流”大学，还是普通高校，大学生犯罪问题、校园安全问题、重大舆情问题、师德师风问题时有发生。

（二）意识形态工作力度不够

在“大思政”格局的影响下，近些年，高校才将意识形态融入学生管理工作中来，但相关经验还不够丰富，意识形态工作形式传统、单一，对学生缺乏系统性、科学性了解。[①] 学校没有从思想层面深入分析学生的问题，没有强化对学生的思想观念引导，而是注重机制的运用，对学生出现的消极思想、错误行为，学校无法提早预防和及时发现。同时，目前高校意识形态工作主要依赖思政教师和辅导员，而从事学生管理工作的部门和人员，没有全面投入到意识形态工作中来，造成学校思想政治工作没有形成全方位、全过程、全链条，浓厚的思想政治工作氛围没有形成，只是把意识形态工作简单地认为是某个部门的工作。再有，辅导员是大学生思想管理工作的主体，由于高校师资有限，辅导员需要对接多个专业、多个班级的学生，还承担行政工作和学生

---

① 李诗佳 . 从意识形态管理视角分析高校学生管理，知识文库，2018（22）：176.

管理工作，疲于日常工作的应付，很难有更多时间和精力深入加强学生思想意识形态工作。

（三）意识形态工作问题处理能力欠缺

意识形态工作出现问题，在互联网信息时代，会引起广泛传播和关注，引起重大社会舆情。近些年，高校舆情信息频发，不仅干扰了学校正常教学秩序，也影响了学生的思想观念，更反映了高校在意识形态问题处理上的能力不够。高校意识形态事件，大多数在初发阶段，并非十分罕见的社会问题，正是因为没有得到及时处理，或者处理方式不当，引起更多人的议论，产生更大的风波，将学校推上了舆论的风口浪尖。在人人都有“麦克风”、人人都是“传声筒”的自媒体时代，舆情管控能力不足，会严重损害高校的软实力。

三、高校学生管理中突出意识形态工作的举措

高校学生管理工作是一项系统性工程，而意识形态工作是首要和重点，意识形态工作做好了，后续的学生管理就顺理成章了。

（一）转变观念

意识形态管理，不应局限于“管理”二字，应坚持以学生为中心，多从学生的思想动态出发，采用“三微一端”网络平台，用学生喜闻乐见的宣传方式，积极宣传真、善、美，坚决抨击假、恶、丑，弘扬正能量，唱响主旋律，让学生在宣传教育中受到启发，这在一定程度上就是柔性管理。同时，思想管理不应局限于课堂说教，而应该走出课堂与社会接轨，通过党团活动和班级活动，组织学生积极参与富有正能量的社会实践，主动深入社会实际观摩、调研，让学生在社会实践中体会到科学的价值观和社会正能量，做到寓管于践。

（二）壮大力量

要把校党委、团委、学院党支部、学生具体管理部门人员、辅导员、思政教师纳入高校思政意识形态工作中来，壮大管理力量，从政治上着眼、从思想上入手、从青年特点出发，齐抓共管，帮助青年学生用敏锐的眼光观察社会，用清醒的头脑思考人

生，用智慧的力量创造未来。同时，要进一步强化思政教师在意识形态管理工作中的一线主力军作用。高校思政教师要始终坚持马克思主义在意识形态领域的指导地位，充分发挥自身学科优势，用党的初心使命感召青年学生，用社会主义核心价值观塑造青年学生，让青年学生对党产生强烈的感性认同和理性认同。也可通过机制改革，将思想管理和教育纳入思政教师的日常工作，并作为一项重要的评估标准，纳入年度考核。①

（三）守好新阵地

随着互联网技术的普及特别是移动互联网的快速发展，当前高校学生几乎人手一台智能手机或电脑，网络成为高校学生接受各类信息和进行学习的主要工具，互联网也逐渐变成高校意识形态工作的重要变量，更是做好新时代意识形态工作的新阵地和主战场。这就需要相关教师充分掌握移动互联网的特点，全面熟悉意识形态工作要求，主动引导学生学网、懂网、用网，理性看待网络传播，批判接受互联网信息。大力开展健康网络宣传活动，对不良网络环境问题加以纠正，帮助学生建立健康向上的思想。对突发网络舆情，要第一时期及时处理，积极引导学生理性看待，不被影响。同时，善于拿起法律武器营造风清气正的网络环境，坚决守好互联网思想阵地。

结语

在“大思政”格局下，加强高校学生管理工作，应把意识形态工作放在突出位置，在思想这一根本层面强化对学生的影响，以“顶层设计”的高度，让学生全面了解世情、党情、国情和校情，增强对国家、对集体、对个人的责任感。以主观世界的改造，进一步增强学生的规则意识，使其认同学校的管理方式，从而让高校学生管理工作更触及根本，更有主动性，更加高效。

参考文献：

[1] 习近平.在庆祝中国共产主义青年团成立100周年大会上的讲话［EB/OL］.（2022-05-10）［2022-06-09］.https：//m.gmw.cn/baijia/2022-06/09/35799362.html.

[2] 意识形态工作是党的一项极端重要的工作［N/OL］.（2018-08-17）［2023-03-26］.陕西日报，

① 乔璐.思政意识形态管理视角下高校学生管理创新探究，经济论坛，2021（6）：175.

http：//www.china.com.cn/opinion/theory/2018-08/17/content_59020371.htm.

［3］杨荣刚．国内学术界关于列宁意识形态理论研究的回顾与前瞻［J］．湖北行政学院学报，2022（6）：80-86.

［4］姜杰，张金铭．“大思政”格局下高校网络舆论环境建设［J］．中国冶金教育，2022（3）：105.

［5］李诗佳．从意识形态管理视角分析高校学生管理［J］．知识文库，2018（22）：176.

［6］乔璐．思政意识形态管理视角下高校学生管理创新探究［J］．经济论坛，2021（6）：175-176.

［7］牛金城．新媒体时代高校网络舆情问题及对策研究［J］．新闻研究导刊，2022（14）：111-113.

［8］施蔚琴，赵越．“大思政”格局下独立学院学生教育与教学管理体系研究［J］．公关世界，2021（20）：68.

（刘佳，武汉传媒学院马克思主义学院教师）

“三全育人”视域下民办高校环境育人实施路径探索

◎朱梦媛

摘　要：民办高校作为我国高等教育的重要组成部分，在培养人方面承担着重要的使命。目前，我国高等教育面临着诸多挑战，但也蕴含着巨大的机遇。本文阐述了“三全育人”及民办高校环境育人的内涵及特征，分析了民办高校环境育人存在的问题，并对民办高校环境育人实施路径进行了初步探索，为提升民办高校环境育人的实效性提供参考。

关键词：三全育人　民办高校　环境育人

高校肩负着立德树人的重任，育人工作是高校工作的中心环节，贯穿于人才培养的整个过程。近年来，随着国家对民办教育事业扶持力度的不断提升，民办教育得到了快速发展，在人才培养方面发挥了重要作用。但是，由于民办高校生源参差不齐，师资队伍力量薄弱，教学方式单一，民办高校中普遍存在“重科研轻教学”“重技能轻思想”“重形式轻实效”等现象。这些问题严重影响了民办高校人才培养质量。为了提升民办高校人才培养质量，我们必须加强对民办高校的管理和引导。

一、民办高校环境育人的内涵及特征

“三全育人”指的是在高等教育教学过程中，学校各部门、各环节、各要素都要发挥育人作用，实现全员、全过程、全方位的育人目标。民办高校作为我国高等教育的重要组成部分，在开展教育教学工作时要充分发挥自身的育人功能，其中，环境育人是教育教学过程中不可忽视的一个重要方面。民办高校环境育人是指通过校园文化建设，优化育人环境，发挥环境育人功能，使学生在良好的校园文化氛围中受到熏陶和感染，潜移默化地接受教育。民办高校环境育人具有以下三个方面的特征：一是综合性，环境育人涉及学校的方方面面；二是阶段性，环境育人要遵循一定的客观规律；三是广泛性，环境育人不能局限于学校内部的育人环境。

（一）综合性

环境育人的综合性主要体现在以下几个方面：一是环境育人与思想政治教育在内容上是有交集的，思想政治教育中的育人环境是校园文化的重要组成部分，它不仅包含学生在校园里学习、生活中所处的环境，同时也包含了学校各部门、各单位以及全体教职工在校园里所营造出的氛围，二者是相互依存、相互促进的。二是环境育人与思想政治教育在形式上也是有交集的，思想政治教育需要借助环境育人来实现其育人目的，环境育人同样需要通过思想政治教育来实施，二者相辅相成、缺一不可。三是环境育人与思想政治教育在效果上也是有交集的，二者都能够对学生产生积极影响，从某种意义上来说，环境育人与思想政治教育具有一致性。

（二）阶段性

民办高校学生由于所处环境不同，心理发展水平不同，环境育人也要遵循一定的客观规律，根据学生的年龄特征和心理发展特点，对不同年级、不同阶段的学生采取有针对性的育人方法，切实提高学生的综合素质。比如低年级的学生正处于世界观、人生观和价值观形成的重要阶段，校园文化建设应着重于培养他们形成正确的价值观和良好的行为习惯；高年级学生正处于就业择业期，民办高校应以培养学生的职业素养为重点，着重培养学生的社会适应能力和就业竞争力。因此，民办高校环境育人要有一定的阶段性。

（三）广泛性

在教育教学工作中，民办高校的育人工作不能局限于学校内部，而是应将环境育人的范围扩大，做到全方位、全过程的育人。首先，要把校园文化建设作为环境育人的重点来抓，通过文化育人增强学生对学校的认同感、归属感，增强学生的学习动力；其次，要营造良好的育人环境。民办高校不仅是教书育人的场所，更是学生进行文化熏陶、培养人文情怀、提高综合素质的重要平台；最后，要加强校园环境建设。良好的校园环境可以让学生在潜移默化中受到教育，促进学生健康成长。因此，民办高校应该加强校园文化建设工作，从环境育人入手，全方位打造一个和谐、文明、优美、健康、向上的育人环境。

二、民办高校环境育人存在的问题

随着社会的发展和时代的变迁，民办高校在人才培养中面临着许多新的问题和挑战，学校环境育人也存在一些问题，主要体现在：

（一）学校管理体制不完善，缺乏相应的评价体系

1. 民办高校的管理体制不够完善

在当前形势下，民办高校仍主要实行的是传统的学校行政管理体制，各部门之间缺乏紧密配合，难以形成合力。此外，民办高校在内部治理结构上也不够完善，缺乏有针对性的、具体的规章制度来保障环境育人工作的有效实施。

2. 环境育人工作缺乏相应的评价体系

当前民办高校对环境育人工作缺乏科学系统的评价体系，难以对环境育人效果进行全面、准确评估。对于教师来说，教师开展环境育人工作的具体成效很难量化。对于学生来说，没有具体的评价标准来衡量自己是否受到环境育人教育。目前，民办高校的管理体制中没有明确分工与合作关系，各部门之间缺乏有效沟通与合作，学校的整体环境育人工作仍有待完善。

（二）环境育人课程设置不合理，教师缺乏专业性

1. 学校环境育人课程设置不合理

目前，我国很多民办高校并没有开设单独的环境育人课程，而是为了节约资源和减少成本将环境育人课程设置在通识课或专业基础课中，这样的课程设置显然无法发挥环境育人课程的真正作用。

2. 教师缺乏专业性

开展环境育人工作的教师应该具备专业知识，具有环境保护意识、人文素养和道德修养。目前，许多民办高校的教师大多是企业派遣人员，他们中的一些人甚至没有接受过高等教育和相关环境教育知识培训。此外，教师在对学生开展环境教育时也没有明确的目标和具体的实施措施，导致学生不能够深刻认识环境保护对自己所产生的影响。

（三）环境育人体系不健全

1. 部分教师对环境育人理念认识不到位

教师没有将环境育人的理念贯穿于整个教育教学过程之中，对学生进行环境教育的意识薄弱。部分教师没有充分发挥学生的主体性和能动性，学生的参与意识不强、参与度低，这也是环境育人难以取得良好效果的重要原因之一。

2. 民办高校没有形成育人合力

民办高校在开展环境育人工作时缺乏系统规划和整体布局，没有建立起一套科学、合理、高效、完善的育人机制。例如，部分民办高校虽然设立了专门的环境育人机构，配备了专业的工作人员，但其主要职责还是校园环境建设和管理工作。学校环境育人工作没有形成一个完整、有序的系统，容易造成资源浪费和重复建设。

3. 民办高校缺少对学生开展环境教育的支持与保障体系

民办高校在开展环境育人工作时缺少资金和专业技术支持，学校没有完善的设施设备和相应的制度规范来保障环境育人工作能够顺利开展。学生在参与校园文化活动时也会面临诸如场地受限、缺乏专业技术人员对其进行指导和管理等问题。

三、“三全育人”视域下的育人环境构建路径

“三全育人”指全员、全过程、全方位育人，即育人工作需要全过程参与，形成教育合力。在“三全育人”视域下，民办高校要构建环境育人的保障机制。

（一）坚持立德树人，不断加强校园文化建设

民办高校要坚持立德树人，把思想政治工作贯穿于教育教学全过程，贯穿于人才培养全过程。要充分发挥课堂教学的主渠道作用，将思想政治教育有机融入课堂教学，积极落实第一课堂与第二课堂相结合的育人方式。要切实发挥教师在校园文化建设中的引领作用，坚持“以德为先”“以人为本”的育人理念，不断加强师德师风建设，引导广大教师增强立德树人的使命感、责任感和荣誉感，坚持用正确的思想引领学生、用优秀的文化熏陶学生、用高尚的道德感染学生、用科学的理念引导学生。要持续深入开展理想信念教育，帮助学生树立正确的人生观、价值观和世界观。要大力弘扬中华优秀传统文化，积极开展形式多样、内容丰富的中华优秀传统文化学习教育活动。

要充分发挥校园广播电视等媒体作用，通过开设专题专栏、制作专题节目等方式，及时宣传报道学校教学科研成果、办学成果和师生先进事迹。要以校园文化建设为载体，加强校园人文景观建设。要积极构建高品质校园文化活动平台，持续开展“书香校园”“艺术节”“体育节”“科技创新”等校园文化活动。要重视营造良好的教学科研氛围和学术环境。要积极开展以社会主义核心价值观为引领的教育活动，深入推进大学生思想政治教育进教材、进课堂、进头脑。要通过丰富多彩的校园文化活动，不断丰富学生的课余文化生活，切实加强学生思想政治工作。

（二）重视专业课程建设，让学生在专业知识中提升自我

学生是高校教育的主体力量，因此学校在人才培养中要重视对学生专业知识和技能的培养。一方面，要根据专业课程特点制定科学合理的人才培养方案。专业课程是高校人才培养工作中的一个重要组成部分，在人才培养方案中，要凸显出专业课程的地位和特殊性。另一方面，要重视课程教学改革，发挥教师在教学过程中的创新性，提升学生学习的主动性和积极性。

（三）搭建实践平台，让学生在实践中提升自我

高校要以“三全育人”为导向构建实践平台，积极开展社会调查、志愿服务、公益活动等，提升学生对国家和社会发展的关注。此外，学校还可以组织学生前往博物馆、科技馆、纪念馆等场所参观学习；邀请专家学者开设讲座或者专题报告；鼓励学生走出校园前往各类企事业单位进行实地考察、参与调研活动等。这些活动不仅激发了学生的学习兴趣，培养了学生的独立思考能力，而且提高了学生的创新意识，开阔了学生的眼界。

（四）开展心理健康教育活动，促进学生心理健康

开展心理健康教育活动，对促进大学生的心理健康具有积极影响。民办高校要充分认识到心理健康教育对大学生成长的重要意义，为大学生营造良好的校园环境。要加强对大学生心理健康教育工作的指导，设立专门的心理咨询室，配备专业教师，完善心理咨询制度和危机干预机制。要加强学生心理健康档案建设，建立健全学生心理状况分析制度和信息反馈制度，及时掌握学生的心理状况，对存在问题的学生进行重点关注。要建构大学生思想政治教育体系，将心理健康教育作为思想政治教育的重要内容并贯穿于人才培养全过程。

结语

民办高校环境育人是高校“三全育人”工作的重要组成部分，其目标是在大学生的思想道德和价值观形成过程中，注重环境的熏陶作用，将环境因素转化为大学生思想政治教育资源，促使其形成正确的价值观。民办高校应充分发挥环境育人的功能，不仅要强化对环境育人主体、客体及介体的教育，还要加强环境育人平台建设，实现环境育人与教育教学的有效结合。要坚持以人为本、立德树人的办学理念，树立科学、合理的教育观念，构建完善的育人体系，注重学生综合素质和实践能力的培养。要加强校园文化建设，构建“学校、家庭、社会”三位一体的教育网络；加强校园物质文化建设，营造浓厚的校园文化氛围；加强网络文化建设，打造线上线下一体化教育模式。同时还要加强校园文化活动、志愿者服务和社会实践基地等环境育人平台建设，充分发挥其在环境育人中的作用，努力形成全员育人、全过程育人、全方位育人的良好育人格局。

参考文献：

[1] 吴朝晖，许嘉悦．“三全育人”与高校环境育人体系的构建——以南京理工大学三位一体的环境育人模式为例［J］．南京理工大学学报（社会科学版），2019，32（5）：42-45.

[2] 张平，丁德智．“三全育人”视域下民办高校思想政治教育创新［J］．学校党建与思想教育，2020，619（4）：39-41.

[3] 刘润，王小莉．高校“三全育人”工作路径与机制的探索实践［J］．思想教育研究，2020，312（6）：115-118.

[4] 余雪冰．论民办高校落实“三全育人”理念的现实难题与出路［J］．湖南工业职业技术学院学报，2022，22（1）：125-129.

[5] 姜雪．高校“三全育人”：内涵、路径与机制研究［D］．石家庄：河北师范大学，2021.

[6] 白玲．新形势下高校“三全育人”机制构建及路径优化［J］．黄冈职业技术学院学报，2019，21（4）：38-43.

[7] 陈禹名．三全育人工作导向下加强民办高校文化治理的路径探讨［J］．产业与科技论坛，2021，20（18）：273-274.

[8] 张万秋．立德树人视阈下民办高校构建“三全育人”模式的路径探讨［J］．广西教育，2020，1159（31）：44-45.

（朱梦媛，武汉传媒学院教师）

图书在版编目(CIP)数据

思想政治理论与实践 . 2023 / 张燕明主编 . -- 北京 : 中国传媒大学出版社 , 2023.11
ISBN 978-7-5657-3496-0

Ⅰ . ①思… Ⅱ . ①张… Ⅲ . ①高等学校—思想政治教育—教学研究—中国 Ⅳ . ① G641

中国国家版本馆 CIP 数据核字 (2023) 第 196838 号

思想政治理论与实践（2023）
SIXIANG ZHENGZHI LILUN YU SHIJIAN （2023）

主　　编　张燕明
策划编辑　黄松毅
责任编辑　欧丽娜
封面设计　拓美设计
责任印制　阳金洲

出版发行　中国传媒大学出版社
社　　址　北京市朝阳区定福庄东街 1 号　　**邮　　编**　100024
电　　话　86-10-65450528　65450532　　**传　　真**　65779405
网　　址　http://cucp.cuc.edu.cn
经　　销　全国新华书店

印　　刷　唐山玺诚印务有限公司
开　　本　787mm × 1092mm　1 / 16
印　　张　14
字　　数　274 千字
版　　次　2023 年 11 月第 1 版
印　　次　2023 年 11 月第 1 次印刷

书　　号　ISBN 978-7-5657-3496-0/G · 3496　　**定　　价**　68.00 元

本社法律顾问：北京嘉润律师事务所　郭建平